Mes recettes
détox
super-gourmandes !

Depuis 1979, Terre vivante vous fait partager ses expériences en matière d'écologie pratique : jardinage bio, habitat écologique, alimentation saine et bien-être, consommation responsable... à travers :

> l'édition de livres pratiques ;
> le magazine *Les 4 Saisons du jardin bio* ;
> des jardins écologiques, proposant des stages pratiques ;
> un portail Internet, www.terrevivante.org.

Livre éco-conçu

Terre vivante a réalisé en 2010 la première analyse du cycle de vie (ACV) d'un livre en France. Cette étude nous a permis d'identifier les impacts de la fabrication d'un livre sur l'environnement, dans l'objectif de les limiter.
Fabriquer des livres, quels impacts sur l'environnement ? sur www.terrevivante.org

Le papier choisi pour cet ouvrage est issu de pâte vierge produite écologiquement en Europe à partir de forêts gérées durablement. Il ne provient pas de pâte à papier fabriquée aux quatre coins du monde !
Ce livre est de plus imprimé en France, par un imprimeur soucieux de préserver l'environnement à travers des actions d'économies d'énergie, de valorisation des déchets, d'utilisation de produits moins nocifs pour la santé des travailleurs...

Le catalogue des ouvrages publiés par **Terre vivante** est disponible sur simple demande et sur Internet.

Terre vivante,
domaine de Raud, 38710 Mens.
Tél. : 04 76 34 80 80.
Fax : 04 76 34 84 02.
Email : info@terrevivante.org
www.terrevivante.org

Photographies : Marie Chioca
Conception graphique : Crumble Shop°
Réalisation de la couverture : Hugues Vollant
Réalisation de l'intérieur : Marie Décamps
Coordination éditoriale : Fabienne Vaslet
Photogravure : C'limage

ISBN 978-2-36098-150-2 – ISSN 2108-9515

Facile & bio

Mes recettes détox super-gourmandes !

Marie Chioca et Dr Guy Avril

terre vivante

Sommaire

Le navet fait partie de ces aliments santé peu onéreux, faciles à trouver et entrant dans la composition de nombreux délices détox (recettes p. 35, 50, 72).

Introduction

Dr Guy Avril

* Pourquoi une cure détox ?

À l'époque où nous vivons, il est bien difficile de ne pas nous intoxiquer :

- au quotidien, par les aliments qui nous sont proposés, non dépourvus de toxiques et pas toujours digestes ;
- par notre conduite, car nous absorbons bien souvent des aliments en excès, avec des écarts trop fréquents et des week-ends de fête prolongés et répétitifs ;
- par la *malbouffe* (fast-food, repas de midi pris sur le pouce au bureau...) ;
- par suite d'un traitement médicamenteux, jamais neutre pour notre organisme.

Quelles sont les causes qui nous amènent à l'intoxication ?

D'abord, notre alimentation, dans l'ensemble non bio, nous expose à toutes sortes de polluants : pesticides, insecticides, engrais chimiques pour les végétaux ; antibiotiques, cortisone, hormones de croissance pour les élevages d'animaux ; métaux lourds et hydrocarbures pour les poissons. On retrouve par ailleurs une partie des médicaments absorbés par les humains, notamment les pilules contraceptives, dans les rivières, donc dans l'eau que nous buvons. Ajoutons à cela les additifs et colorants alimentaires chimiques.

Ensuite, nous consommons de nombreux aliments que nous ne pouvons pas digérer entièrement. Or les produits de digestion incomplète rendent la paroi intestinale poreuse, deviennent des toxines dans la circulation générale et vont se déposer dans nos tissus et nos organes. Ainsi se créent de nombreuses maladies dites « d'encrassage » : maladies inflammatoires chroniques, problèmes de peau, allergies, asthme, etc.

Ces aliments indigestes, bien connus des naturopathes depuis maintenant soixante-dix ans, ont été répertoriés par le docteur Jean Seignalet[1] (1936-2003). Ces aliments sont de deux catégories :

- **les laits animaux et leurs dérivés :** beurre, fromages, yaourts, crème, glaces... Pour faire simple, chaque espèce ne peut digérer que le lait de son espèce ou celui qui s'en rapproche le plus. Il est à noter que le lait de chèvre est très proche, dans sa composition, du lait de femme, et que nous possédons une grande partie des enzymes permettant de le digérer ;
- **les céréales hybrides**, en particulier le blé, qui ont une teneur élevée en gluten, difficilement assimilable par l'organisme (de nombreuses personnes sont allergiques au gluten – maladie cœliaque – ou simplement intolérantes). Ceci concerne énormément d'aliments tels que le pain, les pâtes, les pizzas, tartes et quiches, les pâtisseries... Or il est aisé, au cours d'une cure détox, de remplacer le blé par du petit épeautre (le choisir bio et non hybridé), qui contient un gluten en quantité moindre, ne produisant pratiquement pas de réaction allergique ou d'intolérance conduisant aux maladies d'encrassage, et est source d'énergie et de santé[2]. Il est bien entendu

1. Pour en savoir plus, lire Jean Seignalet, *L'alimentation ou la troisième médecine*, Éditions de l'Œil, coll. « Écologie humaine », 2005 (5e édition revue et augmentée).
2. L'épeautre contient de bonnes proportions de glucides, lipides et protides, 47 oligo-éléments, minéraux, toutes les vitamines et surtout les 8 acides aminés indispensables. Pour en savoir plus, lire *L'épeautre, source de vitalité*, Terre Vivante, 2012.

vivement recommandé de conserver cette bonne habitude de consommation au-delà des cures proposées dans cet ouvrage.

D'autres causes de fabrication de toxines dans notre corps sont le fait de manger trop, sans toujours prendre le temps de mâcher suffisamment, mais aussi de faire des mélanges alimentaires néfastes : par exemple, mélanger trop de sucre d'absorption rapide à trop de graisse animale saturée (manger une pâtisserie après avoir absorbé une viande grasse : la consommation en excès de sucre rapide en fin de repas induit une fermentation intestinale qui rend la digestion incomplète).

Par ailleurs, il peut y avoir une auto-intoxication par manque d'élimination des toxines. C'est le cas des personnes sujettes à la constipation, par exemple, qui n'évacuent pas suffisamment les déchets de leur organisme et bloquent ainsi beaucoup de ses fonctions, en particulier la fonction hépatique : il s'ensuit une perte d'élan vital, d'appétit, de joie...

Carotte, pomelo, fenouil et citron : un « cocktail » particulièrement bienfaisant (recette p. 106).

Citons enfin les personnes qui ne s'hydratent pas assez et celles qui ne font pas suffisamment d'exercice physique.

Ces différentes intoxications peuvent s'installer d'une façon chronique donc insidieuse, ou simplement d'une manière passagère, après quelques jours d'excès.

Les cures détox sont alors essentielles pour « relancer la machine ».

✻ Le rôle des émonctoires

Pour bien comprendre les principes d'une cure détox, il est essentiel d'évoquer les différents émonctoires, organes ou parties d'organes permettant à l'organisme d'éliminer les déchets[3].

- Le **foie** est un organe essentiel qui a notamment une fonction épuratrice aboutissant à la formation de bile (faite des résidus des différents métabolismes). L'ensemble des autres fonctions de neutralisation, de régulation, de fabrication, de distribution et d'élimination résume les différents métabolismes exercés par le foie.

- Le **gros intestin** ou **côlon** collecte les déchets et résidus de la digestion, absorbe l'eau qui les dilue, les rend plus épais et les achemine vers le rectum.

- Les **reins** sont, du fait de leur qualité de filtre, de première importance, tout comme le foie. Pour drainer les reins, il est important de les soumettre périodiquement à un régime alimentaire de quelques jours à base de légumes aqueux crus ou cuits et de fruits juteux. Cette cure sera suivie d'un drainage de 2 ou 3 jours par une cure d'eau non minéralisée.

- Les **poumons** servent bien sûr à approvisionner le sang et tout l'organisme en oxygène. Mais ils font aussi partie des émonctoires en servant de relais pour l'élimination bilio-intestinale.

3. Le lecteur intéressé trouvera davantage de détails à la fin de cet ouvrage.

- Enfin, la **peau,** avec ses glandes sudorifiques et sébacées, contribue elle aussi à l'élimination de tout superflu toxique et à l'autoguérison.

Une cure détox régulière permet de drainer et d'assainir les émonctoires, de relancer leur métabolisme, et de réactiver ainsi leurs capacités d'autoguérison.

* Quelle cure détox ?

Il existe toute une gamme de cures, dont certaines que nous nous contenterons de citer rapidement ici car elles ne sont pas l'objet de cet ouvrage :

- on trouve les jeûnes totaux avec hydratation uniquement – cette méthode a ses inconvénients, en particulier sur le plan des réactions éliminatoires : troubles cutanés, migraines, arthralgies, douleurs musculaires... Ceci correspond à une mobilisation trop rapide des toxines. De courte durée, comme le jeûne imposé dans différentes religions, cette méthode de désintoxication, quoique contraignante et drastique, reste toutefois bienfaisante ;

- il existe aussi les monodiètes (la fameuse cure de raisin par exemple) mais ces cures peuvent être déséquilibrantes sur le plan des éléments nécessaires à la vie et n'entraînent pas nécessairement l'acquisition de bons réflexes alimentaires au quotidien ;

- enfin, et c'est le cœur de cet ouvrage, il est possible de se détoxiquer sans s'infliger un jeûne total ou une monodiète monotone et déséquilibrante. Vous apprendrez dans les pages qui suivent comment se détoxiquer en douceur, avec des recettes faciles, goûteuses et appréciées par toute la famille, tout en vivant et en travaillant normalement et en menant votre organisme sur le chemin de la bonne santé et de la bonne forme.

Ainsi, une fois cette conduite intégrée, elle deviendra un réflexe dès que vous sentirez votre corps surchargé et encrassé et que vous voudrez retrouver votre vitalité.

Les jus frais de fruits et légumes, de puissants alliés détox. Ici, un jus mâche-citron réalisé à l'extracteur.

* Quelques informations supplémentaires avant de vous lancer

Les éléments essentiels à la vie sont :

- les minéraux, les oligo-éléments, les vitamines, les enzymes, que l'on trouve dans les légumes crus, à absorber de préférence en début de repas ;
- les glucides (50 à 55 %), les lipides (20 à 25 %) et les protides (20 à 25 %) – on trouve ces proportions idéales dans les légumineuses et les céréales.

Les protides sont constitués d'acides aminés. Il existe 21 acides aminés dont 8 sont indispensables à l'organisme – c'est à partir de ceux-là que les autres acides aminés sont fabriqués. Manquer de certains acides aminés, c'est s'exposer à plus ou moins long terme à des troubles de l'immunité, sources de nombreuses maladies. Il est estimé depuis longtemps et dans de nombreux pays, qu'en consommant dans un même repas un tiers de légumineuses et deux tiers de céréales, on obtient l'équilibre des 8 acides aminés essentiels. C'est ainsi que l'on associe, par exemple, 1/3 de pois chiches + 2/3 de blé en Afrique du Nord, 1/3 de lentilles + 2/3 de riz en Inde, 1/3 de haricots secs + 2/3 de maïs au Mexique. Il est à noter que l'épeautre possède les 8 acides aminés indispensables, il peut donc se suffire à lui-même sans complément de légumineuses, mais simplement en ajoutant des légumes.

Pour ceux qui souhaitent consommer un peu de viande ou de poisson au cours de leur cure détox, il vous sera permis de choisir :

- pour la viande : poulet ou pintade bio (pas de viande bovine, porcine ni ovine) ;
- pour le poisson : de préférence sardines, maquereaux, anchois, très riches en oméga-3 (choisissez-les petits et jeunes). Ce sont des poissons de surface, moins sensibles à la pollution que les poissons d'eau profonde. Vous pourrez toutefois consommer d'autres poissons (cabillaud, sole, daurade, etc.), pour un repas un peu plus festif, à condition de ne pas les choisir d'élevage industriel. Évitez en revanche absolument le panga et les crevettes d'élevage, surchargés de polluants en tout genre ;
- pour ce qui est des coquillages, seules les moules de bouchot sont autorisées. Les huîtres sont très riches en lipides et elles croissent dans les fonds marins, or la toxicité s'accumule dans les tissus graisseux, ceci pour tous les êtres vivants.

En ce qui concerne les boissons, il vous faudra supprimer l'alcool sous toutes ses formes (y compris la bière[4]), les boissons sucrées (soda, jus de fruits du commerce), le café (un café par jour est toléré mais si vous pouvez vous en passer, c'est beaucoup mieux), le thé (sauf le thé vert, antioxydant, ainsi que le « thé » roïboos). En revanche, vous pourrez consommer des jus de fruits maison non sucrés ainsi que des tisanes à volonté, notamment tisanes facilitant le transit intestinal, la diurèse et l'élimination des surcharges pulmonaires et des toxines cutanées.

Les recettes détox de Marie Chioca sont aussi délicieuses et agréables à regarder que faciles à réaliser. Je souhaite à chaque lecteur de découvrir le bonheur de se sentir jour après jour mieux dans son corps et en pleine santé, grâce à cette détoxication à la fois aisée et gourmande.

4. En temps normal, un demi-verre de vin rouge bio par repas est permis et même bénéfique.

Sauge, serpolet, romarin
et verveine citronnelle.

Cure détox, mode d'emploi

Marie Chioca

✻ Prenez soin de vous !

Comme l'indique le Dr Avril dans son introduction, beaucoup des maladies modernes sont provoquées par une intoxication de l'organisme par la pollution, la mauvaise alimentation et le mode de vie. Mais bien d'autres maux, sans être des maladies proprement dites, nous gâchent la vie. Parmi eux, les plus importants sont la **fatigue** et le **surpoids**. On peut lutter efficacement contre. Mais pour cela, il faut se détoxifier.

✻ Luttez contre la fatigue !

Il y a 2 sortes de fatigue :

- Celle que l'on peut soigner facilement en en supprimant les causes (couchers tardifs, sorties trop répétées, excès de table, stress dû par exemple à des ambitions irréalisables ou disproportionnées, etc.). Traiter ce genre de fatigue est une question de volonté et de décision. Se coucher plus tôt, s'aérer souvent, adopter une vie saine et plus calme, accepter parfois de « viser moins haut » pour améliorer sa qualité de vie au quotidien, chacun peut, avec un peu de réflexion, trouver comment être moins fatigué en faisant les bons choix.

- Mais il y a aussi la fatigue que l'on doit accepter car elle fait partie de notre vie d'être humain. C'est une fatigue soit incontournable (surcharge de travail par exemple), soit « altruiste », car c'est aussi un choix que de se dévouer, de se dépasser pour ceux que l'on aime. Certaines personnes, pensant mieux préserver leur santé, se replient sur elles-mêmes pour tenter d'éviter les sources de stress ! Difficile de vivre heureux dans de telles conditions d'égocentrisme...

Être attentionné avec sa famille, un soutien pour ses amis, une personne agréable pour ses collègues ou ses voisins, cela rend heureux, mais peut aussi être un peu fatigant physiquement. Alors prenez soin de vous ! Ce n'est pas inconciliable, car vous pouvez prendre soin de votre santé sans pour autant renoncer à donner beaucoup de votre cœur et de votre temps aux autres. Dormez bien, faites un peu de sport, **détoxifiez votre organisme**, puis gardez une alimentation saine toute votre vie : vous découvrirez ainsi en vous une vitalité nouvelle, une forme resplendissante qui vous comblera de joie tout en vous rendant plus disponible, moins nerveux, plus patient, calme et souriant avec les autres !

Voici les 3 secrets pour être en forme malgré une vie bien remplie. **Bien dormir, faire régulièrement un peu d'exercice, manger très sainement.** Ce sont les conditions d'une détoxification rapide et efficace. Les résultats d'une cure détox réussie sur la forme, la nervosité, la qualité du sommeil et les performances (aussi bien intellectuelles que physiques) sont bluffants !

✻ Agissez sur le surpoids...

En ce qui concerne le surpoids, on n'insistera jamais assez sur les méfaits des régimes déséquilibrés qui font regrossir tous ceux qui y ont recours, à tous les coups, et en détraquant la santé. Le traitement est exactement le même que pour lutter contre la fatigue : qualité du sommeil, exercice physique, alimentation équilibrée. Mais devant le surpoids, nous sommes inégaux : certains facteurs comme l'âge, le nombre de grossesses pour les femmes, l'hérédité, aggravent parfois la situation, et certaines personnes faisant pourtant très attention à leur alimentation et menant une vie plutôt saine ont du mal à garder leur poids de forme. C'est alors qu'intervient la cure détox. C'est même la seule cure qui puisse faire mincir durablement et sans danger – en améliorant la forme et la santé – les personnes faisant un peu de « résistance » à l'amincissement. Il y a 3 raisons principales à cela :

- Le foie étant l'usine chimique du corps, il régule le métabolisme de brûlage des graisses. Il faut donc le régénérer pour qu'il soit actif et efficace, car il est très souvent débordé et usé par notre mode de vie moderne.
- Notre corps étant attaqué par de nombreux toxiques et polluants, il réagit parfois en les « neutralisant » dans les cellules adipeuses. Nos petites rondeurs sont donc bien souvent des « conteneurs » pour le stockage de déchets toxiques. Si nous détoxiquons en profondeur notre organisme, le corps peut évacuer ces substances indésirables au lieu de les enrober dans la graisse, et nos rondeurs fondent du même coup.
- L'intoxication chronique de l'organisme dérègle tout : elle fatigue le foie, affole le pancréas, excite la production d'insuline, etc. En détoxiquant efficacement le corps, tout cela rentre petit à petit dans l'ordre et le surpoids disparaît sans même que l'on y pense.

Faut-il manger bio ou pas ?

Bien entendu, manger bio vous aidera à vous détoxiquer. Plus vous mangerez bio, mieux ce sera. Mais si cela ne vous est pas possible (notamment pour des raisons financières), prenez tout de même le poulet et les œufs fermiers, les légumes locaux et de saison. Achetez en bio les céréales complètes, ainsi que les fruits et légumes habituellement très traités : agrumes, fraises, salades, céleri, poireau... Ce sera toujours mieux que de vous décourager et de ne rien faire.

L'ail des ours présente des vertus détox encore plus puissantes que l'ail traditionnellement utilisé en cuisine (recettes p. 72, 77).

L'avocat, qui contient de bonnes graisses, apporte du fondant aux salades (recettes p. 43, 50, 57).

Les fraises, et plus généralement les fruits rouges, sont très utiles et agréables dans le cadre des cures détox (recettes p. 24, 27, 94, 95, 101).

* Optez pour une « détox » en toute simplicité, sans vous ruiner

J'ai pris le parti, dans cet ouvrage, de vous proposer une cure détox sans produits ou ingrédients hors de prix, venus du bout du monde et/ou difficiles à trouver : pissenlit, artichaut, fenouil, radis, carotte, citron, betterave, chou, céleri et autres « trésors » si abordables sont d'une telle efficacité ! Pourquoi s'en priver ?

Vous pouvez tout de même, si vous le souhaitez, compléter la cure par des gélules ou des tisanes de plantes amies du foie comme le fumeterre, le chardon-marie, le desmodium ou le chrysantellum par exemple. Mais le plus important consiste en la consommation régulière des végétaux cités (et de bien d'autres encore) qui drainent très efficacement le foie et purifient l'organisme.

* Quelle cure devez-vous choisir ?

Nous sommes nombreux à avoir besoin d'une cure détox. Mais il faut procéder avec prudence et bon sens, afin d'éviter les réactions éliminatoires violentes, persévérer sur le long terme et y trouver du plaisir (eh oui !) car là est la clef de tout. Vous pourrez donc, à l'aide de cet ouvrage, pratiquer 3 sortes de cures détox : une cure un peu longue qui agit en profondeur, et 2 cures plus courtes, pour des situations ponctuelles.

1 La cure de 8 semaines dite de régénération du foie

La plus longue mais aussi la plus efficace, la plus douce, la plus agréable, la plus équilibrée est celle préconisée par le Dr Sandra Cabot dans son excellent ouvrage *Régénérez votre foie !* (voir références en fin d'ouvrage). Cette cure se pratique sur 8 semaines, elle s'adresse à tous et elle est sans risque. C'est bien sûr celle que je préconise, car les deux autres cures, plus courtes, ne sont que des cures « d'appoint ». On ne peut parler de détoxification en profondeur sans cette cure de 8 semaines.

Lors de cette cure :

- Vous supprimerez les laitages, les viandes rouges, les charcuteries, l'alcool, le chocolat, les mauvais sucres, les céréales raffinées, les mauvaises graisses et si possible, le café (vous pouvez toutefois conserver 1 café par jour si vous êtes très dépendant, en essayant tout de même de le supprimer petit à petit).

- Il est toléré un peu de poulet bio et d'œufs fermiers durant les deux premières et les deux dernières semaines de la cure, afin de procéder par paliers progressifs.

- Vous aurez droit aux produits de la mer une fois par jour pendant toute la durée de la cure, en privilégiant si possible ceux qui sont peu pollués[5].

- Vous vous régalerez à satiété de végétaux crus (salades, jus fraîchement pressés...) et cuits, de céréales complètes (en donnant une large part à l'épeautre et au riz complet car ce sont par excellence les 2 céréales détox).

2 La cure de 3 à 5 jours, dite « cure d'un gros week-end »

Là, vous mettrez le paquet sur les fruits et légumes – principalement crus autant que possible – et sur les plantes drainantes et purifiantes (tisanes par exemple), en ajoutant tout de même un peu de poisson, de riz complet et d'épeautre pour ne pas tomber d'inanition ! Très profitable pour se « rebooster » pendant quelques jours de congé, cette cure sera encore plus efficace si vous la vivez d'une façon un peu « cocooning » : beaucoup de repos, grandes promenades dans la nature, bains de mer si c'est possible, exercice physique, longues nuits réparatrices...

5. Par exemple, oui au thon blanc germon mais mieux vaut éviter l'albacore qui contient beaucoup de mercure. Oui aux sardines et aux maquereaux mais la consommation de gros poissons « en bout de chaîne alimentaire » comme le saumon doit rester plus ponctuelle.

Si vous vous sentez très fatigué au travail ou dans votre vie quotidienne, cette minicure peut vous faire énormément de bien. Toutefois, elle ne suffira pas à détoxiquer votre organisme autant en profondeur qu'une cure de 8 semaines.

Sachez qu'il n'y a aucun danger à renouveler cette cure plusieurs fois dans l'année. Vous pourrez aussi la pratiquer après une maladie infectieuse (grippe, gastro-entérite, etc.) ou un surmenage ponctuel, car cette alimentation hypotoxique permet une bien meilleure convalescence/récupération.

3 La cure éclair d'un jour

Celle-ci est un quasi-jeûne comprenant jus frais, tisanes, fruits et salades, mais aussi éventuellement un peu d'épeautre ou de riz complet si nécessaire. Elle vous permettra d'éliminer rapidement un petit écart alimentaire, pour éviter qu'il soit stocké par l'organisme, mais aussi pour que votre corps ne soit pas fatigué ni intoxiqué par cet écart. Autrement dit, cette cure de 24 h (presque 36 h si l'on compte la nuit qui suit) aide l'organisme à éliminer très vite et très bien un excès. Vous avez fêté vos 15 ans de mariage ou le réveillon du jour de l'an avec champagne, petits feuilletés, volaille, fromages fins, assiette de gourmandises et autres plaisirs si délicieusement « calamiteux » ? Vous en avez profité et vous avez bien fait, car il faut savoir être bon vivant ! Mais pour le lendemain (où, de toute façon, vous n'aurez pas très faim), c'est la cure qu'il vous faut ! Soyez néanmoins prudent et essayez, autant que possible, de faire cette minicure durant une journée de repos au calme chez vous. Car si vous avez de longs trajets, devez assurer un travail de force ou gérer une activité très prenante, gare au phénoménal coup de pompe et/ou au petit malaise d'hypoglycémie !

* Établissez des menus équilibrés en fonction de la cure choisie

En ce qui concerne la cure éclair sur une journée, vous ne consommerez que des jus fraîchement pressés et des tisanes drainantes. En cas de grosse faim, autorisez-vous en plus une petite salade de crudités et un ou deux fruits frais accompagnés éventuellement de quelques noix de cajou, noisettes ou amandes, et à l'extrême rigueur d'un peu d'épeautre ou de riz complet si vous ne tenez vraiment pas le coup.

Les deux autres cures se ressemblent, si ce n'est que vous ne consommerez pas de viande ni d'œufs dans le cas de la cure de quelques jours.

- **Au petit déjeuner**, buvez un jus fraîchement pressé bien drainant contenant au moins du citron bio ainsi qu'un ou deux autres légumes ou fruits au choix (fenouil, pomelo, carotte, céleri...). Vous pouvez choisir dans les recettes de petit déjeuner indiquées dans cet ouvrage, ou prendre tout simplement 80 à 100 g de pain d'épeautre avec un peu d'avocat frais, d'huile d'olive, de purée de noisette ou d'amande, car les bonnes graisses sont très importantes dans le processus de régénération du foie.
- **À midi**, vous opterez pour l'une ou l'autre des recettes de plats complets du 3e chapitre, ou vous cuisinerez un plat de votre choix contenant une portion raisonnable de céréales (environ 200 g cuits), de protéines animales (environ 100 g de viande blanche ou 120 g de poisson, ou 2 œufs) et de légumes (salade de crudités en entrée et/ou légumes en accompagnement), le tout cuisiné sainement, sans excès de graisse de cuisson, sans faire fumer l'huile, sans faire brûler ni trop griller les aliments. Essayez de ne pas prendre de dessert, cela facilitera beaucoup votre digestion (mais vous pouvez prendre un thé parfumé).
- **En fin d'après-midi**, si le besoin de « sucré » se fait sentir, prenez un fruit et quelques amandes ou noix oléagineuses, ou un smoothie frais, un jus fraîchement pressé, une glace ou un sorbet maison (voir le chapitre « Douceurs et boissons »).
- **Le soir**, essayez de manger le moins possible, idéalement uniquement des légumes (voir le chapitre « Soupes, salades et crudités »).
- Pendant la journée, buvez bien : de l'eau pure (idéalement, de l'eau filtrée), des tisanes, de l'eau ctronnée.

Quelques conseils

- Ne vous affamez pas ! Vous pouvez **très légèrement** vous sous-alimenter pendant la cure dite « d'un gros week-end » pour la rendre plus efficace, mais ce n'est pas une obligation. Si vous vous privez au point d'être torturé par la faim, vous serez fatigué, à terme carencé, et votre corps risque de vous faire payer cher ces « privations » à l'arrêt de la cure.
- *A contrario*, il ne faut pas non plus trop manger car la quantité, autant que la qualité de ce que l'on mange, perturbe le bon fonctionnement du foie. Ne sortez jamais de table le ventre gonflé : vous devez vous sentir rassasié mais léger.
- Prenez le temps de manger calmement, en mâchant bien et dans le calme.
- Enfin, prenez éventuellement quelques compléments alimentaires naturels (magnésium et calcium marin, fer sous forme de spiruline...) si vous suivez la cure de 8 semaines.

⁂ La détox agréable

Si vous suivez la cure d'un gros week-end ou la cure de régénération du foie de 8 semaines, il sera très important pour vous de prendre plaisir à cuisiner et à manger. C'est même une garantie de votre persévérance. Ne voyez pas votre cure comme quelque chose de négatif (« sans » chocolat, « sans » fromage, « sans » votre petit verre de vin...) mais comme une cure très positive (« avec » de délicieux smoothies, « avec » de merveilleux poissons frais, « avec » de succulents jus fraîchement pressés, « avec » des salades très gourmandes et colorées, « avec » de réconfortants veloutés de légumes...).

Souvent, lors d'une longue cure détox, on redécouvre le plaisir de goûter, d'apprécier les ingrédients sains que l'on boudait peut-être un peu avant. Pas droit au chocolat lors de votre pause sucrée de 5 h ? Croquez des noix de cajou avec 2 figues fraîches ou un smoothie maison aux myrtilles, ou encore une poignée de bonnes fraises bio mûres à point : c'est bon aussi, et tellement meilleur pour votre foie... Pas de café ? Découvrez toute la variété des délicieux thés verts parfumés, thés blancs et thés roïboos de votre magasin bio. Pas de rôti de porc ? Faites-vous plaisir en vous autorisant une belle daurade, une sole ou un petit colin ultra frais de temps en temps, cuisiné au four avec toutes sortes de délicieux aromates : le poisson frais, c'est certes un peu onéreux, mais c'est si bon pour vous !

Pensez que chaque bouchée, chaque goulée de votre alimentation détox aide votre corps, accélère sa guérison, purifie votre foie, lutte contre votre fatigue, fait fondre votre surpoids tranquillement. Voilà qui est bien motivant !

⁂ Et après ?

Il serait dommage de reprendre, après une bonne cure en profondeur, une alimentation industrielle et/ou déséquilibrée qui ferait revenir au bout de quelque temps cette fatigue insidieuse, ces kilos disgracieux, ces petits et gros ennuis de santé... Conservez donc vos bonnes habitudes ! Cela ne vous empêchera pas de croquer un peu de chocolat de temps en temps, de savourer un bon fromage de chèvre fermier, un rôti de bœuf ou un verre de vin pour le plaisir ! Si vous continuez à composer vos menus avec une majorité de végétaux, des céréales non raffinées, un peu de poisson, d'œuf ou de viande blanche, en dormant bien la nuit et en pratiquant régulièrement de l'exercice, vous tenez là « le » secret de la santé, de la forme... et même de la beauté, car vos cheveux, votre teint, votre peau, votre silhouette seront sublimés, quel que soit votre âge, par cette alimentation saine.

Les pictogrammes

Les recettes exclusivement végétaliennes constituent l'essentiel de ce livre. Elles conviennent aux 3 cures et ne sont pas signalées par un picto particulier.

En revanche, les recettes contenant de la viande et/ou des œufs (autorisées pour les 2 premières et les 2 dernières semaines de la cure au long cours) sont signalées par les pictos :

Les recettes contenant du poisson, des crustacés ou des fruits de mer sont signalées par le picto . Elles conviennent à la cure de quelques jours et à la cure longue.
Vous trouverez en annexe la liste des recettes classées par type de cure.

Avant de vous lancer, je vous conseille de parcourir la rubrique « Bonnes adresses, bons plans » figurant en fin d'ouvrage : vous y trouverez les marques que je conseille pour réussir au mieux ces recettes.

Et maintenant, **à vous de jouer**... et de vous régaler. Bonne détox !

Petits déjeuners

- Gelée de fleurs de pissenlit au citron
- Pancakes au son d'avoine, myrtilles et lait d'amande
- Smoothie gourmand aux fruits d'été
- « Velours » de pruneaux à la vanille
- Porridge d'hiver au son d'avoine et cannelle
- Crème aux fruits et petit épeautre
- Pain essène à la poire et à la noisette

Gelée de fleurs de pissenlit au citron

Cette jolie gelée dorée au parfum délicat ne demande qu'à ensoleiller vos petits déjeuners et vos desserts d'une touche gourmande et très « détox » ! Respectez bien les temps de cuisson, faites-la cuire à feu doux sans couvercle et ne mettez ni les tiges de fleur ni le « blanc » de l'écorce du citron : votre gelée sera alors d'un parfum très délicat et d'une texture de rêve : gélifiée juste ce qu'il faut, délicieusement translucide et fondante en bouche…

Préparation : 10 minutes
Cuisson : 20 minutes

Pour 1 pot :

* 40 g de fleurs de pissenlit (environ 2 grosses poignées)
* 50 cl d'eau de source
* 1 gousse de vanille
* 1 sachet de 2 g d'agar-agar
* 1 citron bio bien juteux
* 15 cl de sirop d'agave

Verser l'eau dans une casserole et y ajouter les fleurs de pissenlit, la gousse de vanille fendue en deux, l'agar-agar et le jus du citron. Râper finement le zeste au-dessus de la casserole.

Bien mélanger à froid, puis porter à bonne ébullition, mais à feu doux. Laisser bouillir pendant 10 minutes, toujours à feu doux, en mélangeant souvent.

Filtrer au travers d'un tamis fin (ou d'un filtre à café perpétuel) et mesurer le jus (il doit y avoir 20 cl de liquide), puis remettre le jus obtenu dans la casserole avec le sirop d'agave.

Porter de nouveau à ébullition, puis compter 10 minutes de cuisson, toujours à feu doux et en mélangeant souvent à l'aide d'une cuillère en bois. On doit de nouveau obtenir environ 20 cl de liquide.

Verser dans un pot à confiture, visser le couvercle et laisser refroidir à température ambiante sans y toucher. Une fois le pot refroidi, le placer au frais, où il se conservera entamé pendant plus d'une semaine sans s'abîmer.

Conseil

Les citadins privés de jardin pourront eux aussi confectionner cette recette très simple et rapide après une petite balade-cueillette printanière à la campagne. Prenez simplement garde de ramasser les pissenlits dans un endroit sauvage (non traité aux pesticides ni au désherbant) et à l'écart des routes, car les pauvres pissenlits des bas-côtés et des fossés sont très pollués par les gaz d'échappement.

Pancakes au son d'avoine, myrtilles et lait d'amande

Très gourmande et rassasiante grâce à l'association parfaitement équilibrée de protéine, de bons corps gras, de glucides et de fibres (sans oublier les vertus antioxydantes des myrtilles), cette recette est idéale pour affronter une matinée particulièrement chargée et/ou une heure de déjeuner prévue un peu tard.

Préparation : 5 minutes
Cuisson : quelques minutes

Pour 2 pancakes de 18 cm (1 personne pour un petit déjeuner copieux) :

- 30 g de son d'avoine
- 30 g de farine complète de petit épeautre
- 1 pincée de sel
- 1 c. à café rase de poudre à lever sans phosphates
- 1 c. à soupe de purée d'amande blanche
- 1 œuf
- 20 cl de lait d'amande
- 65 g de myrtilles fraîches
- 2 c. à soupe de sirop d'agave (ou de sirop d'érable ou de miel liquide)
- Huile d'olive pour la poêle

Mettre le son d'avoine, la farine, le sel, la poudre à lever, la purée d'amande, l'œuf et le lait dans le bol d'un blender ou d'un robot. Mixer pendant 1 minute jusqu'à obtention d'une consistance de pâte à crêpes bien lisse. Ajouter les myrtilles et mélanger délicatement à la cuillère, sans mixer.

Faire chauffer une petite poêle en céramique de 18 cm de diamètre. Quand elle est bien chaude, la huiler rapidement et verser immédiatement (pour ne pas faire chauffer l'huile) la moitié de la pâte. Couvrir et laisser cuire quelques minutes à feu assez doux à moyen. Dès que le dessus n'est plus liquide, retourner le pancake à l'aide d'une spatule et faire dorer l'autre côté.

Renouveler l'opération pour le restant de pâte (en huilant de nouveau la poêle), puis servir en versant une cuillerée à soupe de sirop d'agave sur chaque pancake avant de savourer.

Conseils

Utilisez idéalement une poêle en céramique de 18 cm de diamètre. Vous pouvez aussi réaliser cette recette avec une poêle plus grande, mais le pancake sera plus fin (comme une crêpe) et vous ne pourrez pas y mettre de myrtilles car elles « dépasseraient » de la pâte.
Pour faire chauffer la poêle et cuire les pancakes, utilisez un feu moyen, adapté au diamètre de la poêle (pas trop fort, car cela brûlerait les bords du pancake avant que le centre ne soit cuit) et n'oubliez pas le couvercle.
Ne faites surtout pas l'impasse sur l'huile : outre le fait que notre organisme a besoin de bons corps gras – principalement au petit déjeuner –, c'est la condition *sine qua non* pour que les pancakes soient appétissants, dorés à souhait, moelleux... et qu'ils ne restent pas « scotchés » à la poêle !

Smoothie gourmand aux fruits d'été

Un bon smoothie sans sucre ajouté, c'est une délicieuse alternative aux petits déjeuners classiques. Choisissez des fruits bio de saison mûrs à point afin que leur saveur soit optimum.

Préparation : 5 minutes

Pour 1 smoothie :

* 1 pêche ou une nectarine
* 1 abricot
* 100 g de fraises
* 10 cl de lait d'amande

Retirer les noyaux, éplucher éventuellement la pêche (facultatif mais recommandé), puis mixer les fruits avec le lait (idéalement dans un blender, à défaut avec un mixeur plongeant) jusqu'à obtention d'une texture parfaitement lisse et veloutée. Servir aussitôt.

Conseil

Prenez le temps de savourer votre smoothie en l'insalivant bien : cela renforcera l'impression de satiété et évitera l'effet un peu ballonnant que provoquent des fruits avalés trop vite chez les personnes sensibles.

« Velours » de pruneaux à la vanille

Cette recette est d'une simplicité enfantine : on fait tremper, on mixe, on savoure ! Elle fera des émules, car vous pourrez aussi bien la mettre dans un yaourt de soja que l'étaler sur une tartine, en fourrer une crêpe ou... la dévorer à la petite cuillère !

Préparation : quelques minutes

Pour 1 pot :

* 1 tasse de pruneaux dénoyautés bien moelleux
* Lait de soja parfumé à la vanille

Quelques heures avant (la veille au soir pour le petit déjeuner par exemple), mettre les pruneaux dans un bol, recouvrir de lait de soja à la vanille et laisser tremper.

Le lendemain, mixer le tout au blender en ajoutant un peu de lait de soja si besoin, de façon à obtenir une consistance de crème dessert bien lisse et veloutée.

À savoir

Dans un pot bien fermé, cette crème se conserve une semaine au réfrigérateur.

Porridge d'hiver au son d'avoine et cannelle

On apprécie généralement beaucoup ce petit déjeuner en hiver, car l'avoine est une céréale échauffante, qui aide à lutter contre le froid. La cannelle a pour vertu d'abaisser l'indice glycémique du bol alimentaire : elle forme donc avec le son d'avoine (qui jouit des mêmes propriétés) un duo de choc évitant les pics de glycémie du petit déjeuner, ainsi que la classique hypoglycémie réactionnelle de milieu de matinée.

Préparation : 2 minutes
Cuisson : 3 minutes

Pour 1 bol :

* 35 cl de lait d'amande ou de noisette
* 2 c. à soupe de son d'avoine
* ½ c. à café de cannelle en poudre
* 2 c. à soupe de miel liquide d'acacia
* Extrait de vanille (facultatif)

Faire chauffer le lait choisi, puis jeter le son d'avoine en pluie dans le lait bouillant.

Ajouter la cannelle, le miel, éventuellement l'extrait de vanille et bien fouetter. Laisser un peu gonfler ou savourer immédiatement.

Conseils

Ce porridge réchauffant « cale » bien tout en restant parfait pour la ligne, mais si vous le préparez au dernier moment, il restera liquide. Mieux vaut donc le laisser gonfler une dizaine de minutes pour qu'il soit crémeux. Pensez à l'accompagner de fruits frais qui compléteront parfaitement l'équilibre de ce petit déjeuner.

Crème aux fruits et petit épeautre

Inspiré de la célèbre crème Budwig (sans le laitage que l'on doit éviter en cure détox), ce petit déjeuner très doux et particulièrement sain convient à toute la famille. Déclinez cette recette en variant les fruits selon les saisons : poires bien mûres en automne ou en hiver, fraises au printemps, abricots en été, etc. Ici, elle a été réalisée avec des framboises qui lui confèrent une bien jolie couleur rose.

Préparation : 5 minutes
Trempage : 1 nuit

Pour 1 personne :

- 35 g de flocons de petit épeautre
- 4 abricots secs
- 20 g de noisettes ou d'amandes
- 100 g de framboises

La veille, mettre à tremper les flocons, les abricots secs et les noisettes dans 20 cl d'eau pure.

Le jour de la dégustation, ajouter les framboises et mixer pendant quelques minutes dans un bon blender, de façon à obtenir une texture bien lisse et crémeuse. Servir aussitôt.

Pain essène à la poire et à la noisette

Très simple et rapide à réaliser, cette recette de « gâteau » cru, réalisée à partir de pain essène, très digeste, est un pur régal ! Je gage qu'elle deviendra bien vite un must de vos petits déjeuners !

Préparation : 5 minutes (la veille)

Pour 1 personne :

* 2 tranches de pain essène de blé, nature ou raisins/abricots
* 2 c. à café un peu bombées de purée de noisette bien fluide
* ½ poire Williams mûre à point (voire un peu « blette », c'est encore meilleur)
* 1 c. à soupe de miel liquide ou de sirop d'agave (facultatif)
* 1 c. à café d'extrait de vanille liquide (facultatif)

La veille, disposer dans un petit bol une première tranche de pain essène. Tartiner de purée de noisette, ajouter quelques tranches de poires, éventuellement le miel et la vanille, puis recouvrir avec la deuxième tranche. Tartiner avec le reste de purée de noisette, finir avec des tranches de poire, puis couvrir et mettre au frais toute la nuit, le temps que les saveurs se mélangent et que le pain essène se gorge de jus de poire.

À savourer avec un thé ou une infusion ainsi qu'un jus fraîchement pressé (voir p. 106) pour renforcer l'effet ressourçant et vitalisant de ce petit déjeuner.

À savoir

Le pain essène est constitué uniquement de céréales germées crues séchées à basse température, sans ajout de levure ni de sel. Il présente un indice glycémique particulièrement bas, ainsi que des vertus revitalisantes et reminéralisantes puissantes. Celui de blé, particulièrement doux, savoureux et moelleux, est tout indiqué pour cette recette (mais il en existe aussi à l'épeautre pour celles et ceux qui préfèrent ne pas consommer de blé).

Soupes, salades et crudités

- Soupe crue « bonne mine »
- Soupe miso printanière
- Velouté de potimarron
- Soupe à l'ortie
- Gaspacho aux légumes d'été
- Guacamole léger
- « Taboulé » de chou-fleur
- Salade d'automne au potimarron cru
- Salade printanière au pissenlit et œuf mollet
- Salade d'hiver super vitaminée
- Salade estivale d'inspiration crétoise
- Carpaccio d'artichauts poivrade
- Champignons émincés, avocat et pousses de radis
- Taboulé à l'épeautre complet
- Tartare de cœur de bœuf à la fleur de sel et au basilic

Soupe crue « bonne mine »

À l'aide d'un extracteur de jus, on peut réaliser des soupes crues très veloutées. Le tout est de savoir comment associer les légumes pour que la texture ne soit pas trop aqueuse et que le parfum de la soupe soit agréable. Cette recette de fin d'été/début d'automne est une « bombe » en vitamines qui, grâce à ses légumes orangés, vous donnera bonne mine tout en purifiant votre foie.

Préparation : 5 minutes

Pour 2 personnes :

* 1 grosse tranche de potimarron (350 g)
* 2 carottes
* 2 tomates
* Sel aux herbes (un peu !)
* Poivre du moulin

Laver les légumes, les couper en gros cubes.

Passer à l'extracteur (ou à la centrifugeuse, mais dans ce cas la soupe aura un peu plus de fibres).

Saler, poivrer, bien mélanger, goûter pour vérifier l'assaisonnement et savourer aussitôt.

Conseil

Vous pouvez si vous le souhaitez faire chauffer un peu votre soupe mais sans dépasser 45 °C... sinon elle ne sera plus crue !

Soupe miso printanière

Cette recette au charme délicat est une véritable fête pour les papilles ! Un bouillon au parfum captivant, une cuisson des légumes minutée pour que chacun d'eux puisse donner le meilleur de lui-même, le tout relevé d'un peu de ciboulette et de gingembre. Bien des chefs étoilés pourraient tomber en arrêt devant votre bol de bouillon détox !

Préparation : 15 minutes
Cuisson : environ 10 minutes

Pour 4 personnes (entrée) :

- 1,5 l d'eau
- 4 oignons tiges
- 1 branche de céleri bien tendre
- 8 champignons
- 2 carottes
- 4 asperges vertes
- 2 navets primeurs
- 1 poignée de petits pois écossés
- 2 c. à soupe de miso d'orge traditionnel, non pasteurisé
- Gingembre fraîchement râpé ou en poudre
- Quelques brins de ciboulette
- 4 c. à soupe d'huile d'olive
- Poivre 5 baies
- 1 c. à soupe rase de sel

Zoom sur le miso

On peut difficilement résumer tous les bienfaits santé du miso, condiment traditionnel japonais à base de soja longuement fermenté dans des tonnelets de cèdre. Il est détoxifiant, purifiant, antioxydant, antiallergique et il régénère en profondeur la flore intestinale grâce à ses nombreux enzymes et ferments probiotiques.

Faire chauffer l'eau avec le sel. Pendant ce temps, émincer très finement les oignons tiges, le céleri et les champignons.

Dans une cocotte ou un wok, faire blondir doucement les oignons et le céleri dans l'huile d'olive. Une fois que les oignons sont devenus translucides et commencent à blondir, ajouter les champignons émincés, couvrir et laisser suer à petit feu pendant quelques minutes.

Détailler les carottes en bâtonnets et les asperges en lamelles (jeter les queues d'asperges coriaces et filandreuses). Émincer très finement les navets (idéalement à la mandoline) de façon à ce qu'ils soient presque transparents.

Jeter les asperges et les petits pois dans la cocotte contenant les oignons, le céleri et les champignons, mélanger et laisser cuire 3 minutes chrono à l'étouffée avec un couvercle.

Quand l'eau est chaude (mais non bouillante), stopper le feu et délayer le miso au fouet dans l'eau chaude. Verser ce bouillon dans la cocotte, ajouter la julienne de carottes, le carpaccio de navets, un peu de gingembre et de poivre 5 baies, mélanger et servir aussitôt en parsemant de ciboulette finement ciselée.

Velouté de potimarron

Gourmand et réconfortant, ce délicieux velouté ne contient ni pomme de terre, ni crème. Son onctuosité et son parfum sont cependant d'une grande finesse : de quoi ravir les palais des plus gourmets ! Surtout, ne vous échinez pas à peler le potimarron : une fois cuite, sa peau devient très tendre, et c'est en outre là que se concentrent le plus de vitamines.

Préparation : 10 minutes
Cuisson : 20 minutes

Pour 4 personnes (plat unique léger pour le soir) :

* 1 potimarron de taille moyenne
* 1 oignon
* 1 gousse d'ail
* 4 c. à soupe d'huile d'olive
* 1 c. à café rase de sel
* Poivre du moulin 5 baies

Couper les 2 « trognons » du potimarron, puis le détailler en tranches. Éplucher et émincer l'oignon, retirer la peau de la gousse d'ail. Mettre le tout dans un faitout avec 1 l d'eau et le sel, couvrir et compter 20 minutes de cuisson à feu doux après reprise de l'ébullition.

Transférer le tout dans un bon blender, ajouter l'huile d'olive et quelques tours de moulin 5 baies, puis mixer bien soigneusement de façon à obtenir une texture délicieusement lisse et onctueuse. Si le velouté semble un peu trop épais et ressemble à une purée (tout dépend de l'évaporation pendant la cuisson), ne pas hésiter à ajouter un peu d'eau.

À savoir

Ce velouté à la fois gourmand, réchauffant et qui « cale » bien est idéal pour les soirs où vous souhaitez manger très léger.

Soupe à l'ortie

L'ortie est l'une des plus puissantes plantes médicinales connues sous nos contrées et comme elle est, en outre, d'un goût très fin, n'hésitons pas à la mettre au menu ! À noter que la plupart des soupes à l'ortie contiennent des pommes de terre et de la crème ou du beurre. Cette recette, bien plus saine, vous étonnera par sa saveur délicate et sa texture délicieusement veloutée.

Préparation : 15 minutes
Cuisson : environ 25 minutes

Pour 4 personnes (entrée) ou 2 personnes (plat du soir) :

- 2 oignons
- 75 g de jeunes pousses d'orties
- 1 gousse d'ail
- 75 cl d'eau
- 30 g de son d'avoine (4 c. à soupe environ)
- 3 c. à soupe d'huile d'olive
- 1 c. à café de gros sel (5 g)

Zoom sur l'ortie

Diurétique, dépurative, antiasthénique, reminéralisante, détoxifiante, anti-inflammatoire, galactogène, antiallergique, hémostatique, hépato-tonique, vermifuge, virucide, antibactérienne, l'ortie est très riche en chlorophylle, silice, fer, calcium, magnésium, zinc, manganèse, vitamines B2, B5, B9, K, C et provitamine A. C'est donc un puissant tonique général de l'organisme, à consommer en cure de préférence au printemps, quand les pousses sont bien tendres et non fibreuses. Seules les femmes enceintes doivent éviter l'ortie qui provoquerait, selon certains médecins et herboristes, une hypercontractilité utérine, dangereuse lors de la grossesse.

Détailler les oignons en petits cubes, puis les faire fondre doucement dans l'huile d'olive à feu doux, en mélangeant souvent. Pendant ce temps, laver les orties et éplucher la gousse d'ail.

Quand les oignons sont translucides et légèrement dorés, ajouter l'eau, l'ail, le son d'avoine et le sel. Bien mélanger, puis couvrir et laisser cuire à petit feu pendant 10 minutes en mélangeant de temps en temps pour que le fond n'accroche pas.

Ajouter ensuite les orties, mélanger et compter 7 minutes de cuisson, toujours à couvert.

Mixer soigneusement de façon à obtenir une texture lisse et bien crémeuse. Si la soupe semble un peu trop épaisse, ajouter de l'eau (en fonction de l'intensité du feu de cuisson, l'évaporation du liquide peut être plus ou moins importante). Servir aussitôt.

Gaspacho aux légumes d'été

Cette recette très « tendance » est vraiment idéale en cure détox : rafraîchissante et drainante, elle assure une belle portion de légumes crus, riches en vitamines et en antioxydants. Veillez bien cependant à ne choisir que des légumes bio et de saison, car en réalisant un gaspacho au mois de janvier avec des tomates, poivrons et concombres d'Espagne, en guise de cure détox, vous feriez plutôt une cure de pesticides…

Préparation : 10 minutes

Pour 4 personnes (en entrée) :

* 500 g de concombre
* 700 g de tomates cœur de bœuf mûres à point
* ½ poivron rouge
* 4 c. à soupe d'huile d'olive
* 1 petit oignon blanc ou 1 échalote
* 1 gousse d'ail
* 1 c. à soupe de vinaigre ou de jus de citron
* 1 c. à café rase de sel
* Poivre du moulin
* Basilic et cerfeuil pour servir (facultatif)

Éplucher le concombre et le couper en morceaux ainsi que les tomates et le poivron.

Mixer pendant plusieurs minutes dans un blender ou dans le bol d'un robot mixeur avec les autres ingrédients jusqu'à obtention d'une consistance bien lisse. Parsemer de basilic et/ou de cerfeuil selon votre goût. Servir aussitôt.

Conseil

Si possible, choisissez un concombre de la variété Noa (assez court, à la peau vert foncé légèrement grumeleuse), plus goûteux que les concombres longs à peau lisse. Dans tous les cas, il doit être très frais, car les concombres qui ont attendu quelques jours peuvent développer un peu d'amertume.

Guacamole léger

Frais et gourmand, ce guacamole légèrement citronné et épicé n'a rien à voir avec les préparations industrielles. Tartinez-le sur du bon pain complet légèrement grillé, servez avec une salade et un œuf mollet ou un peu de thon blanc : vous obtiendrez rapidement un repas sain et équilibré, riche en bonnes graisses dont notre organisme a tant besoin et sans lesquelles le foie a beaucoup de mal à se régénérer.

Préparation : 5 minutes

Pour 1 personne (plat principal) :

* 1 tomate de saison peu aqueuse (roma par exemple, ou ½ tomate cœur de bœuf)
* ½ citron bio
* 1 avocat Hass mûr à point
* 1 c. à café d'huile d'olive
* Fleur de sel
* Piment d'Espelette en poudre
* Poivre 5 baies

Éplucher la tomate à l'aide d'un économe, puis la couper en brunoise. Saler légèrement, mélanger et laisser égoutter dans une passoire fine, le temps de préparer le reste de la recette.

Presser le citron.

Éplucher l'avocat, retirer le noyau et écraser grossièrement la chair à la fourchette. Mélanger avec le jus de citron, l'huile d'olive, un peu de fleur de sel, de poivre et de piment d'Espelette.

Ajouter la chair de tomate bien égouttée, mélanger délicatement et savourer aussitôt.

Conseil

Pour réussir cette recette, choisissez un avocat mûr à point, de la variété Hass (peau noire et granuleuse), car les autres avocats (peau plus lisse, brillante et d'un vert pimpant) sont beaucoup moins bons : ils ne donneraient qu'un bien médiocre guacamole.

« Taboulé » de chou-fleur

Voici une façon originale de savourer le chou-fleur cru, en profitant au mieux de toutes ses qualités et sans ses inconvénients (ballonnements ou autres désagréments) grâce à la toute petite taille des morceaux, qui facilite beaucoup sa digestion.

Préparation : 10 minutes

Pour 6 personnes :

* 1 petit chou-fleur bien frais et bien croquant
* 2 tomates
* 1 petit poivron rouge
* Quelques brins de persil et de ciboulette
* 1 échalote
* 6 c. à soupe d'huile d'olive
* 1 citron
* Sel, poivre

Laver tous les légumes. Détacher les fleurettes du chou-fleur, les mettre dans le bol d'un robot et mixer en mode pulse jusqu'à obtention d'une sorte de semoule blanche. Verser dans un saladier.

Mettre dans le bol du robot les tomates et les poivrons coupés en morceaux, ainsi que le persil et la ciboulette finement émincés. Ajouter l'échalote détaillée en petits cubes, le sel, le poivre, l'huile et le jus du citron.

Mixer de nouveau en mode pulse, de façon à obtenir de tout petits morceaux. Verser sur la « semoule » de chou-fleur, bien mélanger et servir aussitôt pour une texture croquante, ou laisser mariner pendant 2 heures au frais si vous préférez que le chou-fleur soit plus tendre.

Zoom sur le chou-fleur

Le chou-fleur, comme beaucoup de crucifères, est un aliment très riche en vitamines, principalement en vitamine C. Il présente en outre des vertus antioxydantes, anti-inflammatoires, désintoxicantes, et préventives contre certains cancers. Pour profiter au mieux de ses qualités, mieux vaut le consommer plutôt cru ou du moins peu cuit.

Salade d'automne au potimarron cru

Très « design » sous ses jolies couleurs flashy, cette belle salade associe plusieurs légumes particulièrement bienfaisants pour l'organisme. La sauce bien goûteuse et les éclats de noisettes légèrement toastés lui confèrent un goût à nul autre pareil.

Préparation : 15 minutes

Pour 2 personnes :

- 100 g de roquette (ou de mesclun)
- 150 g de potimarron
- 150 g de chou rouge
- 1 petite betterave (ici, une variété chiogga jaune et blanche)
- ½ pomme
- 1 grosse carotte (ici, une carotte violette)
- 30 g de noisettes
- 3 c. à soupe d'huile de noisette
- 1 c. à soupe de jus de citron
- 1 c. à café de levure de bière maltée
- Fleur de sel

Laver et essorer la roquette.

Râper le potimarron. Émincer finement le chou rouge, la betterave et la demi-pomme. Émincer ou râper la carotte.

Concasser grossièrement les noisettes puis les faire toaster pendant 1 minute à la poêle en mélangeant sans cesse.

Répartir joliment dans 2 belles assiettes, puis parsemer d'éclats de noisette.

Mélanger ensemble tous les ingrédients de la sauce (huile, jus de citron, levure de bière, fleur de sel), puis bien répartir sur la salade et servir aussitôt.

Médicament naturel

Voici une salade aux ingrédients très détox : le potimarron – que l'on consomme souvent cuit mais qui peut aussi se râper en salade comme les carottes – est fort riche en vitamine A. Le chou rouge, quant à lui, est l'un des végétaux les plus riches en sélénium. La carotte et la betterave, associées au jus de citron, apportent un dérivé du citrate de bétaïne – eh oui, ce « médicament » pour le foie que l'on achète en pharmacie ! Aussi efficace (et tellement meilleur) qu'un comprimé effervescent ! Si vous avez le côlon un peu sensible, faites préalablement « cuire » le chou rouge, la carotte et la betterave dans la sauce pendant 30 minutes avant de les mélanger à la roquette et au potimarron.

Salade printanière au pissenlit et œuf mollet

Les jeunes feuilles de pissenlit d'un vert tendre, ramassées au printemps, sont très goûteuses, peu coriaces, et permettent l'élaboration de cette délicieuse salade au charme champêtre, qui enchantera vos papilles de sa parfaite harmonie de saveurs. Si vous le pouvez, émincez quelques feuilles d'ail des ours dans votre salade, elle n'en sera que meilleure.

Pour 4 personnes :

- 300 g de jeunes feuilles de pissenlit
- 1 botte d'asperges vertes
- 4 œufs fermiers ultra-frais
- 1 petite botte de radis rouges
- 4 jeunes oignons tiges
- 2 tranches fines de pain complet au levain (idéalement, du pain d'épeautre)
- 1 gousse d'ail
- 1 citron bio (ou 2 c. à soupe de vinaigre de vin vieux)
- 6 c. à soupe d'huile d'olive
- Fleur de sel
- Poivre du moulin

Zoom sur le pissenlit

Le pissenlit, si répandu dans nos campagnes et au jardin, est doté de puissants bienfaits médicinaux. Il draine, nettoie, purifie l'organisme de nombreuses toxines, améliore le bon fonctionnement digestif et hépato-biliaire, soulage les rhumatismes ainsi que certaines maladies de peau, gomme la cellulite, favorise une bonne circulation sanguine et présente des propriétés diurétiques exceptionnelles.

Laver et essorer les feuilles de pissenlit. Porter à ébullition 2 casseroles d'eau, l'une salée, l'autre non.

Couper les queues ligneuses des asperges pour ne conserver que 10 à 12 cm environ de partie verte, tendre et non fibreuse. À ébullition, jeter les pointes d'asperges dans la casserole d'eau salée et compter 12 minutes précises de cuisson. Mettre les œufs à cuire dans l'autre casserole pendant 6 minutes précises.

Pendant ce temps, émincer les radis et la partie bien blanche des oignons. Faire griller le pain, puis le frotter à l'ail et le couper en petits croûtons.

Écaler les œufs, égoutter les asperges.

Presser le citron et battre le jus avec l'huile d'olive, un peu de fleur de sel et le reste de la gousse d'ail écrasée.

Disposer tous les ingrédients dans 4 bols ou assiettes et napper de sauce. Servir aussitôt.

Salade d'hiver super vitaminée

Cette salade à base de betterave concilie le plaisir des yeux et celui des papilles tout en apportant ses bienfaits à notre organisme : de précieux acides gras, beaucoup de vitamines, sans compter un effet détox renforcé grâce à l'action de la betterave associée au citron (voir p. 47).

Préparation : 10 minutes

Pour 4 personnes :

* 300 g de mâche
* 3 petites betteraves (sur la photo, j'ai utilisé de jolies betteraves chiogga, pour un mélange de couleurs rose, jaune et blanche)
* 2 carottes
* 100 g de cerneaux de noix fraîchement mondés
* 1 avocat Hass mûr à point
* 1 citron
* 4 c. à soupe d'huile d'olive
* Fleur de sel

Laver et essorer la mâche. Éplucher les betteraves, puis les émincer très finement, idéalement à la mandoline. Couper les carottes en grosse julienne.

Disposer joliment le tout dans les assiettes, puis ajouter quelques cerneaux de noix et des lamelles d'avocats.

Presser le citron, battre le jus en émulsion avec l'huile d'olive et un peu de fleur de sel, puis répartir cette sauce sur les assiettes. Servir aussitôt.

Pensez-y !

Parmi les légumes disponibles tout l'hiver et que l'on peut consommer avec plaisir émincés crus dans une salade, on trouve les jeunes choux-raves bien tendres, les radis daïkon, les petits navets roses ou jaunes Boule d'or ou encore le chou chinois. On n'y pense pas toujours, mais cela change agréablement des sempiternelles carottes râpées et salades de chou rouge !

Salade estivale d'inspiration crétoise

Originale et d'une association de saveurs absolument délicieuse, cette jolie salade peut sans aucun problème être servie à des amis. Pour rester dans l'esprit crétois, ajoutez quelques olives noires, des pignons de pin, des feuilles de basilic et quelques dés de feta… uniquement pour ceux qui ne font pas de cure détox !

Préparation : 10 minutes
Cuisson : 4 minutes

Pour 2 personnes :

- 1 laitue
- 2 poignées de pourpier sauvage ou cultivé (ne pas garder les grosses tiges)
- 2 cébettes (violettes si possible)
- 2 poignées de tomates cerise
- 2 petits artichauts violets bien jeunes
- 1 poivron rouge
- 6 œufs de caille (ou 2 œufs de poule)
- Huile d'olive
- Vinaigre ou jus de citron
- Quelques brins d'herbes fraîches de garrigue, sans les tiges ligneuses (thym, sarriette, origan, romarin, hysope…)
- Sel, poivre du moulin

Zoom sur le pourpier

Tenant une place de choix dans l'alimentation crétoise, le pourpier est une petite salade sauvage charnue, légèrement acidulée et mucilagineuse, qui regorge d'oméga-3. Si vous avez un potager, vous pouvez sans souci le cultiver… ou vous contenter de le cueillir, car il s'installe volontiers spontanément entre les rangs de légumes ainsi que sur les petits espaces de terre nue.

- Porter une petite casserole d'eau à ébullition, puis y faire durcir les œufs de caille 4 minutes chrono. Pour faciliter leur épluchage, les faire ensuite tremper quelques minutes dans l'eau froide après les avoir fait délicatement « rouler » sur un plan de travail pour briser les coquilles (attention toutefois à ne pas écraser ces petits œufs fragiles).

- Laver et essorer la laitue et le pourpier.

- Laver les autres légumes, couper le poivron en petits cubes, les tomates cerise en deux et la cébette en fines tranches.

- Effeuiller les artichauts jusqu'au cœur bien tendre, puis trancher d'un coup le bout des feuilles restantes. Recouper le cœur d'artichaut en quatre (si l'artichaut est un peu gros, le détailler plutôt en fines tranches).

- Écaler les œufs de caille.

- Disposer la laitue au fond de 2 assiettes, puis répartir dessus tous les autres ingrédients de la salade.

- Fouetter 3 ou 4 cuillerées à soupe d'huile d'olive avec une cuillerée à café de vinaigre de vin ou le jus d'un demi-citron, ajouter un peu de sel et de poivre, ciseler finement les herbes, puis verser la sauce, mélanger et servir aussitôt.

Carpaccio d'artichauts poivrade

Ami du foie par excellence, l'artichaut peut aussi se montrer très gastronomique s'il est choisi tout jeune, quand il est tendre et bien croquant. Pour l'accommoder, nul besoin de faire compliqué tant sa saveur est délicate, mais vous pourrez « mettre le paquet » côté présentation !

Préparation : 15 minutes

Pour 2 personnes :

* 4 jeunes artichauts poivrade
* Le jus de 2 citrons bio
* 2 radis ronds
* Quelques feuilles de basilic
* Huile d'olive
* Fleur de sel
* Poivre du moulin

Couper la queue des artichauts et retirer les feuilles coriaces du tour. Trancher les pointes, puis détailler finement les cœurs d'artichauts en trempant chaque tranche dans le jus de citron au fur et à mesure, pour éviter l'oxydation.

Émincer très finement les radis, puis disposer le tout en corolle dans 2 assiettes. Parsemer de feuilles de basilic et ajouter quelques cristaux de fleur de sel, du poivre et un filet d'huile d'olive. Savourer aussitôt.

Tourner un artichaut

Pour tourner un artichaut, commencez par couper la queue, puis retirez les feuilles de la base, plus coriaces. Recoupez ensuite, avec un couteau tranchant, toute la partie pointue des feuilles, en incurvant légèrement la lame vers l'intérieur pour retirer aussi les piquants des feuilles plus courtes. Avec un petit artichaut très jeune (comme sur la photo), vous pouvez trancher net : il n'y a ni barbe, ni piquants sur les petites feuilles… c'est bien pratique !

Champignons émincés, avocat et pousses de radis

En associant des champignons avec de l'avocat mûr à point (qui apporte du fondant) et des graines germées de radis ou de chou rouge (pour le côté piquant qui donne du pep's), on obtient une salade des plus appétissantes ! Pour une entrée de fête, n'hésitez pas à ajouter quelques quartiers de pomelo, un peu de chair de crabe et/ou quelques crevettes sauvages.

Préparation : 10 minutes

Pour 4 personnes :

- 500 g de champignons de Paris
- 2 avocats Hass mûrs à point
- 1 poignée de graines germées de radis ou de chou rouge
- 1 cébette ou quelques brins de ciboulette
- 2 citrons bio
- 4 c. à soupe d'huile d'olive
- Poivre 5 baies du moulin
- Sel

Brosser les champignons sous l'eau claire, puis les émincer sur 4 assiettes. Éplucher les avocats, les découper en fines lamelles et les répartir sur les champignons. Parsemer de graines germées de radis ou de chou rouge et de cébette (ou de ciboulette) finement ciselée.

Fouetter l'huile d'olive avec le jus des citrons, saler et poivrer légèrement, puis répartir sur les assiettes.

Servir aussitôt pour que les champignons gardent tout leur croquant.

Conseils

- Lorsque vous achetez des champignons, choisissez-les plutôt de petite taille, bien blancs et bien fermes : c'est un gage absolu de fraîcheur, donc de saveur et de texture bien croquante.
- À défaut de graines germées à la maison, vous trouverez un mélange tout prêt « alfalfa-radis-fenouil » au rayon frais des magasins bio.

Taboulé à l'épeautre complet

On peut difficilement rêver recette à la fois plus savoureuse et plus « détox » : du couscous d'épeautre complet (que vous trouverez en magasin bio), des légumes crus, des herbes, de l'huile d'olive et du jus de citron frais à foison !

Préparation : 10 minutes
Repos : 1 demi-journée

Pour 6 personnes :

- 300 g de graine de couscous d'épeautre complet
- 200 g de tomates
- 75 g de poivron rouge
- 75 g de poivron vert
- 200 g de concombre
- 12 brins de ciboulette
- 12 feuilles de basilic
- 1 échalote
- 1 petit bouquet de menthe fraîche
- 6 c. à soupe d'huile d'olive
- Le jus de 3 citrons
- 1 c. à café rase de sel fin

Émincer finement aux ciseaux la ciboulette et le basilic (il ne faut pas les hacher au robot). Réserver en les mélangeant à un peu d'huile d'olive pour fixer leur saveur.

Mettre tous les autres ingrédients (sauf la graine de couscous) grossièrement coupés dans le bol d'un robot, puis mixer par brèves impulsions jusqu'à obtention de tout petits morceaux. Mélanger à la semoule en ajoutant la ciboulette et le basilic préalablement préparés.

Laisser reposer une demi-journée au frais, en mélangeant une ou deux fois à la fourchette pour aérer la semoule. Servir bien frais.

Tartare de cœur de bœuf à la fleur de sel et au basilic

En plein été, quand les potagers nous offrent leurs variétés de tomates anciennes gorgées de soleil, point n'est besoin de chercher des recettes compliquées pour sublimer leur saveur. Mais si vous voulez qu'elles donnent le meilleur d'elles-mêmes, prenez le temps de les peler et de retirer l'excédent d'eau, comme dans cette recette raffinée qui vous permettra de recevoir vos amis autour d'une entrée légère et rafraîchissante.

Préparation : 10 minutes

Pour 4 personnes :

* 500 g de tomates cœur de bœuf (ou cornue des Andes ou marmande)
* 12 olives noires dénoyautées
* Quelques feuilles de basilic
* 2 c. à soupe de pignons de pin
* 2 c. à soupe d'huile d'olive
* Vinaigre balsamique
* Poivre 5 baies du moulin
* Sel

Peler les tomates. Si ce sont de vraies tomates anciennes mûres à point, il n'est pas nécessaire de les ébouillanter préalablement.

Les couper en cubes d'environ 1 à 1,5 cm – pas plus petits, sinon les tomates rendraient trop d'eau –, saler légèrement, mélanger, puis laisser essorer le tout pendant quelques minutes dans une passoire fine pour retirer l'excédent d'eau.

Pendant ce temps, émincer les olives et les feuilles de basilic dans un petit saladier. Ajouter quelques pignons de pin, 2 cuillères à soupe d'huile d'olive et un trait de vinaigre balsamique, poivrer et mélanger le tout à la chair de tomate.

Répartir le tartare dans 4 cercles individuels posés directement dans les assiettes. Bien tasser à l'aide du poussoir, jeter l'eau qui va s'écouler lors de cette opération, puis démouler et décorer chaque tartare d'un peu de fleur de sel, de poivre, de pignons de pin et de basilic.

Servir aussitôt.

Plats complets

- « Tarama » végétalien
- Paëlla express aux pousses d'épinards
- Salade niçoise au petit épeautre
- Wok de poulet, poireaux et torsades aux lentilles corail
- *Pasta primavera* aux légumes croquants
- Terrine de saumon sauvage à la laitue de mer
- Salade tiède à l'ail des ours et poireaux primeurs
- Nouilles soba aux moules de bouchot et persillade
- Cabillaud en sauce verte
- Poulet à l'étouffée façon basquaise
- Spaghettis d'épeautre à la « bolognaise » de thon germon
- Pagre rôti aux tomates et échalotes

« Tarama » végétalien

**D'une saveur délicatement fumée et iodée, cette tartinade plaît généralement beaucoup, y compris aux « bons vivants » adeptes de charcuteries et autres mets nettement moins... raisonnables.
Cette recette vous rendra certainement de grands services pour confectionner des sandwichs végétariens équilibrés, à emporter en pique-nique ou au travail, voire même pour recevoir des amis autour d'un apéro.**

Préparation : 10 minutes
Cuisson : 10 minutes

Pour 4 personnes :

- 1 oignon
- 6 c. à soupe d'huile d'olive
- 100 g de tofu fumé au bois de hêtre
- 200 g de tofu lactofermenté au tamari
- 2 yaourts de soja
- 50 g de dulse fraîche au sel (en barquette, au rayon frais des magasins bio)
- Poivre 5 baies
- Piment d'Espelette en poudre
- Sel

Émincer l'oignon, le faire dorer à feu doux dans 4 cuillères à soupe d'huile d'olive avec le tofu fumé coupé en cubes. Saler légèrement.

Quand l'oignon est bien tendre et légèrement coloré, transférer le contenu de la poêle, avec l'huile de cuisson, dans le bol d'un robot mixeur, ajouter l'huile restante, les yaourts de soja et le tofu lactofermenté en cubes. Assaisonner avec du sel, du poivre et une pointe de piment d'Espelette, puis mixer soigneusement le tout, jusqu'à obtention d'une consistance parfaitement lisse et onctueuse.

Tartiner sur du pain bio complet au levain (idéalement d'épeautre), en accompagnant d'une bonne salade de crudités pour un repas complet.

Conservation

Cette « tartinade » de tofu peut se garder pendant 5 jours au frais dans un pot bien fermé. Pourquoi ne pas en préparer un peu plus, de façon à en avoir d'avance ?

Paëlla express aux pousses d'épinards

Préparation : 10 minutes
Cuisson : 15 à 20 minutes

Pour 6 personnes :

- 500 g de riz thaï ou basmati complet
- 200 g de filets de poulet bio, coupés en petits cubes
- 6 crevettes bio ou sauvages
- 100 g de calmars ou d'encornets
- 4 oignons tiges
- 2 poignées de petits pois bio surgelés
- 1 bonne poignée de coques
- 1 bonne poignée de moules du bouchot
- 6 cuil. à soupe d'huile d'olive
- 2 poignées de jeunes pousses d'épinards rincées et essorées
- Quelques brins de ciboulette
- Poivre du moulin
- Sel

D'un point de vue nutritionnel, on est proche ici du plat idéal : une céréale complète, une légumineuse, des légumes crus et cuits, plus une petite portion de protéines animales de qualité. Vous pourrez donc servir ce plat festif et raffiné pour recevoir vos amis sans déroger d'un iota aux règles de votre cure.

- Mettre à cuire le riz dans une grande casserole d'eau bouillante salée pendant 10 minutes précises (pas de cuisson pilaf, cela évite de faire surchauffer l'huile).

- Faire revenir doucement le poulet, les crevettes, les calmars et les oignons tiges finement émincés dans une grande poêle ou dans un wok avec 4 cuillères à soupe d'huile d'olive. Saler et poivrer.

- Quand tout est bien doré, jeter les petits pois dans la poêle pour 5 minutes précises (ils doivent rester croquants). Terminer en jetant les coques et les moules dans le wok, et éteindre le feu dès qu'elles sont bien ouvertes.

- Quand le riz est cuit, ajouter l'huile d'olive restante, puis la garniture poêlée et les jeunes pousses d'épinards crues.

- Saupoudrer de ciboulette ciselée, mélanger et servir tiède.

Chlorophylle et taurine à gogo !

Riches en chlorophylle, les épinards protègent le foie et purifient le sang. Il faut les choisir absolument en bio car lorsqu'ils sont traités, ils accumulent les nitrates.
Quant aux crustacés (crevettes, coques, moules...), ils sont riches en taurine, une substance hépato-protectrice qui fait parfois un peu défaut lorsque l'on adopte une alimentation pauvre en viande. Deux bonnes raisons pour mettre ce délicieux plat au menu lors d'une cure détox.

Salade niçoise au petit épeautre

Selon la saison, n'hésitez pas à ajouter de fines rondelles de radis rose, des fèves ou encore de jeunes artichauts violets émincés en carpaccio à ce délicieux plat complet et ressourçant.

Préparation : 15 minutes
Cuisson : 35 minutes

Pour 4 personnes :

- 350 g de petit épeautre en grains
- 2 œufs bio
- 200 g de mesclun
- 300 g de tomates
- 3 branches de céleri bien tendre
- 1 concombre
- 2 cébettes
- 1 poivron rouge
- 1 poivron vert
- 200 g de thon blanc germon
- 1 poignée d'olives noires
- Huile d'olive
- Vinaigre de vin ou de cidre
- Fleur de sel

La veille, mettre à tremper les grains d'épeautre. Le jour de la dégustation, les faire cuire dans une grande casserole d'eau salée jusqu'à ce que les grains soient bien tendres (environ 35 minutes), puis égoutter.

Pendant ce temps, faire durcir les œufs et les écaler. Laver et essorer le mesclun. Émincer le céleri, le concombre et les cébettes. Couper les poivrons en lanières, les tomates en quartiers (ou en deux si ce sont des tomates cerise).

Répartir et disposer joliment tous les ingrédients dans 4 assiettes, assaisonner d'huile, de vinaigre et de sel. Servir aussitôt.

Variante super détox !
Si vous supprimez les œufs, vous pouvez consommer cette recette durant les semaines centrales de la cure complète de 8 semaines (elle reste tout à fait mangeable !).

Wok de poulet, poireaux et torsades aux lentilles corail

Simplissime et rapide à cuisiner, ce plat est vraiment très savoureux ! Pour obtenir une texture à la fois fondante et légèrement caramélisée, l'idéal est d'utiliser un grand wok en fonte. À défaut, procédez à la cocotte ou à la sauteuse mais attention, l'inox a tendance à accrocher un peu plus que la fonte.

Préparation : 10 minutes
Cuisson : 15 minutes

Pour 2 personnes :

- 200 g de filets de poulet bio
- 1 oignon
- 3 poireaux
- 200 g de torsades aux lentilles corail (en magasin bio)
- 3 c. à soupe d'huile d'olive
- Poivre 5 baies
- Sel

Éplucher et émincer l'oignon et les poireaux. Faire chauffer doucement l'huile dans le wok (sans la faire fumer), puis y mettre à fondre l'oignon et les poireaux, à feu assez doux, avec le poulet coupé en aiguillettes.

Saler en début de cuisson (cela aide les poireaux et les oignons à exprimer leurs sucs naturels et évite au plat d'attacher) mais ne poivrer qu'au dernier moment. Mélanger de temps en temps à l'aide d'une cuillère en bois, et poser un couvercle sur le wok.

Pendant ce temps, faire cuire les torsades à l'eau bouillante salée, puis les égoutter.

Quand les légumes et le poulet présentent de discrètes notes de caramélisation des sucs et que les poireaux sont bien tendres, ajouter les torsades, poivrer, mélanger et servir aussitôt.

Conseils

Vous pouvez parfaitement préparer cette recette lorsque vous recevez, car malgré sa simplicité, elle est tout à fait délicieuse ! N'hésitez pas à ajouter une petite touche de piment d'Espelette avant de servir, ainsi que quelques baies roses froissées : cela apportera autant de couleur que de saveur à votre plat.

Pasta primavera aux légumes croquants

Très simple à préparer, cette recette nécessite toutefois de bien surveiller la cuisson des légumes afin qu'ils soient cuits à point, c'est-à-dire bien dorés mais légèrement croquants. Pour que ce plat si gourmand soit encore plus bienfaisant, utilisez si possible des pâtes complètes d'épeautre.

Préparation : 15 minutes
Cuisson : 15 minutes environ

Pour 4 personnes :

* 350 g de pâtes complètes d'épeautre
* 2 poignées de très jeunes fèves
* 2 poignées de petits pois
* 1 botte d'oignons nouveaux
* 1 botte de navets primeurs
* 4 carottes
* 1 botte d'asperges vertes
* 12 feuilles d'ail des ours (ou un petit bouquet de ciboulette)
* Huile d'olive
* Fleur de sel

Conseil

Grâce à l'association des céréales (pâtes) et des légumineuses (fèves et petits pois), il n'est pas nécessaire d'ajouter des protéines pour que ce plat soit complet, mais rien ne vous empêche de faire dorer un peu de tofu fumé en même temps que les oignons en cas de grosse faim.

- Faire cuire les pâtes *al dente* dans de l'eau bouillante salée, puis les égoutter, ajouter un peu d'huile d'olive et réserver au chaud.

- Laver les légumes, écosser les fèves et les petits pois, couper en quatre les oignons nouveaux et les petits navets. Détailler les carottes en grosse julienne.

- Retirer la queue fibreuse des asperges, puis couper chaque asperge en deux dans le sens de la longueur.

- Parallèlement, faire chauffer un peu d'huile d'olive dans un wok ou dans une grande cocotte en fonte, puis faire revenir doucement les oignons nouveaux coupés en quatre (sans faire fumer l'huile). Quand ils sont bien dorés, ajouter les navets et les carottes, saler et faire dorer pendant quelques minutes en mélangeant souvent.

- Ajouter ensuite les asperges, les petits pois et les fèves, une pincée de fleur de sel, bien mélanger, poser un couvercle et laisser cuire pendant 12 minutes précises.

- Servir les pâtes avec les légumes croquants, en parsemant chaque assiette d'ail des ours ou de ciboulette finement ciselée.

Terrine de saumon sauvage à la laitue de mer

Le saumon est certes riche en acides gras oméga-3 précieux pour la santé, mais sa qualité de « poisson gras » fait aussi de lui, hélas, une espèce parmi les plus susceptibles d'être polluées aux métaux lourds. Il faut donc toujours choisir du saumon bio ou sauvage, ne pas trop en abuser et réserver son usage aux occasions festives.

Préparation : 5 minutes
Cuisson : 25 minutes

Pour 4 personnes (entrée ou apéritif sur des toasts) ou pour 2 personnes (plat principal, avec du riz par exemple) :

* 300 g de pavé de saumon sauvage sans arêtes (frais ou surgelé)
* 1 yaourt de soja
* Le jus d'un citron fraîchement pressé
* Une vingtaine de brins de ciboulette
* 20 g de laitue de mer fraîche au sel
* 5 cl d'huile d'olive
* 1 petite c. à moka rase de fleur de sel (5 g)
* Poivre 5 baies du moulin

Préchauffer le four à 200 °C (th. 6-7). Dans un robot, mixer tous les ingrédients sauf la ciboulette et la laitue de mer en mode pulse, de façon à bien hacher le tout sans faire de purée : il doit rester des petits morceaux.

Dans un bol à part, ciseler finement la ciboulette. Rincer soigneusement à l'eau claire la laitue de mer pour en retirer tout le sel, puis la hacher finement aux ciseaux. Ajouter la ciboulette et la laitue de mer à la préparation, mélanger à la cuillère puis répartir dans 2 mini-cocottes.

Enfourner pour 30 minutes en mettant éventuellement le four en position gril en fin de cuisson pour dorer le dessus de la terrine.

Zoom sur les algues

Riches en iode, fibres solubles, protéines végétales, vitamines et minéraux, les algues sont des aliments santé qui méritent d'être plus souvent mis au menu. Chaque variété a ses qualités propres mais la laitue de mer, de saveur très douce et délicatement iodée, est l'un des aliments les plus riches en fer (12 fois plus que les lentilles vertes, par exemple, ce qui peut être précieux dans une cure où l'on ne mange pas de viande), et en calcium (7 fois plus que le lait). Elle contribue aussi à une bonne détoxination du sang.

LE CREUSET

Salade tiède à l'ail des ours et poireaux primeurs

Préparation : 10 minutes
Cuisson : 20 minutes

Pour 4 personnes (plat complet) :

- 1 kg de poireaux primeurs
- 500 g de riz basmati complet
- 1 grosse poignée de pointes d'asperges vertes
- 2 grosses poignées de petits pois frais écossés (ou surgelés)
- 4 œufs fermiers extra-frais
- 6 c. à soupe de bonne huile d'olive
- 3 c. à soupe de vinaigre balsamique (version gastronomique) ou de jus de citron (version encore plus « détox »)
- 6 feuilles d'ail des ours (ou, à défaut, quelques brins de ciboulette)
- Poivre du moulin 5 baies
- Fleur de sel
- Sel

Cette salade complète aux propriétés drainantes et détoxifiantes associe céréales et légumineuses. Il n'est donc pas indispensable d'ajouter des protéines animales, mais je la propose avec des œufs mollets, car le résultat est délicieux !

- Porter à ébullition un grand faitout d'eau salée ainsi qu'une petite casserole pour les œufs si vous le souhaitez.

- Laver les poireaux et les détailler en tronçons de 2 à 3 cm, puis les mettre dans le faitout et compter 10 minutes de cuisson avant d'ajouter le riz, les asperges et les petits pois. Prolonger la cuisson 10 minutes supplémentaires, puis égoutter le tout et réserver.

- Pendant ce temps, faire cuire les œufs 5 minutes chrono à l'eau bouillante, puis les passer sous l'eau froide pour stopper la cuisson. Les écaler sans les éclater (grrr, que c'est énervant!).

- Mélanger l'huile et le vinaigre dans un bol, ajouter l'ail des ours finement émincé, un peu de poivre 5 baies, napper le riz aux légumes de cette vinaigrette et servir aussitôt avec les œufs mollets parsemés de fleur de sel.

Zoom sur l'ail des ours

L'ail des ours est une plante très précieuse pour la santé. Il a en effet les mêmes propriétés que l'ail des jardins, mais encore plus puissantes. Vous le trouverez à l'état sauvage dans les coins humides de moyenne montagne, mais comme il s'adapte très bien au potager, n'hésitez pas à en cultiver un carré, histoire d'en faire à chaque printemps une petite cure bienfaisante, dépurative et purifiante.

Nouilles soba aux moules de bouchot et persillade

Voici comment concocter en quelques minutes un plat à la fois succulent, rassasiant et très bienfaisant. Les moules apportent des protéines de qualité et de l'iode, mais aussi de la taurine (voir encadré p. 66). L'ail et le persil, par leurs propriétés purifiantes, sont 2 piliers de la cure détox. Quant aux nouilles soba, à base de farine de sarrasin, elles sont beaucoup plus digestes que celles de blé.

Préparation : 10 minutes
Cuisson : quelques minutes

Pour 2 personnes :

- 1 kg de moules de bouchot
- 250 g de nouilles soba
- 1 bouquet de persil plat
- 1 échalote
- 2 gousses d'ail
- 2 c. à soupe d'huile d'olive
- Sel

Astuce

Utilisez le précieux jus de cuisson des moules à la persillade (riche en iode, magnésium et oligo-éléments marins) comme base pour réaliser une « marmite du pêcheur » express pour le repas du soir : faites revenir 1 oignon, 1 poireau et 1 carotte finement détaillés dans un peu d'huile d'olive, ajoutez 1 poignée de champignons frais émincés, 1 pomme de terre en brunoise et 1 branche de céleri émincé. Mouillez avec le bouillon de moules et laissez cuire pendant 20 minutes, en ajoutant éventuellement à la fin les moules restant du repas de midi et une demi-briquette de crème de soja. Régalez-vous !

Dans un évier rempli d'eau, laver et trier les moules en jetant celles qui sont cassées, ou qui « bâillent » et ne se referment pas quand on les presse entre deux doigts.

Porter à ébullition une casserole d'eau salée pour la cuisson des pâtes.

Laver et hacher le persil, détailler l'échalote en petits cubes, presser les gousses d'ail.

Mettre les moules avec une tasse à café d'eau dans une grande casserole. Ajouter la persillade, mélanger, poser un couvercle et faire cuire durant quelques minutes, le temps que les moules s'ouvrent.

Parallèlement, faire cuire les nouilles soba *al dente*, les égoutter, ajouter l'huile d'olive et mélanger.

Servir au choix soit en décoquillant préalablement les moules pour une présentation plus soignée, soit en égouttant simplement les moules à l'écumoire avant de les déposer sur les pâtes.

Cabillaud en sauce verte

Saine et digeste, cette recette se prépare en un tournemain grâce à l'astuce consistant à tout faire cuire dans le même faitout de bouillon parfumé. La sauce au persil et laitue de mer (une algue à la saveur iodée douce et légèrement sucrée) est, quant à elle, riche en fer, chlorophylle, iode, etc., très bienfaisants pour l'organisme.

Préparation : 10 minutes
Cuisson : 25 minutes

Pour 2 personnes :

- 600 g de pommes de terre nouvelles
- 1 branche de céleri
- 3 feuilles de laurier
- 3 clous de girofle
- 1 c. à café de coriandre
- 300 g de pavés de cabillaud très frais ou surgelés (mais préalablement décongelés)
- 2 c. à soupe de persil haché
- 1 c. à soupe de laitue de mer fraîche hachée (voir p. 74)
- 1 gousse d'ail
- 3 c. à soupe d'huile d'olive
- Le jus de 1 citron bio
- Sel, poivre

Éplucher les pommes de terre et les couper en cubes de 3 cm.

Remplir un faitout d'eau salée, y mettre le céleri, le laurier, les clous de girofle et la coriandre. Porter à ébullition, puis y plonger les pommes de terre.

Au bout d'un quart d'heure de cuisson, ajouter le cabillaud, attendre la reprise de l'ébullition et compter encore 10 minutes de cuisson. Égoutter le tout à l'aide d'une écumoire.

Mélanger dans un bol le persil, la laitue de mer, la gousse d'ail écrasée, l'huile, le jus de citron, un peu de sel et de poivre.

Servir avec le cabillaud et les pommes de terre chaudes.

Variante

Si vous ne trouvez pas de laitue de mer fraîche, vous pouvez la remplacer par des paillettes. Il faut alors ajouter 1 c. à café d'eau à la sauce.

Poulet à l'étouffée façon basquaise

Ce plat est très simple à réaliser. Bien sûr, il ne s'agit pas ici de la véritable recette du poulet basquaise, mais le résultat est succulent.

Préparation : 10 minutes
Cuisson : 35 à 40 minutes

Pour 2 personnes :

- 2 filets de poulet blanc fermier
- 1 oignon
- 1 poivron rouge
- 1 poivron vert
- 2 grosses tomates cœur de bœuf
- 3 gousses d'ail
- 1 feuille de laurier
- 3 c. à soupe d'huile d'olive
- 1 bonne pincée de piment d'Espelette
- Sel

Détailler l'oignon, les poivrons et les tomates en petits cubes. Dans une cocotte, faire revenir doucement les oignons dans l'huile d'olive (sans faire fumer l'huile), puis ajouter les poivrons et les filets de poulet et laisser dorer doucement pendant encore quelques instants.

Ajouter tous les autres ingrédients sauf le piment d'Espelette, puis couvrir et faire cuire à feu très doux pendant environ 30 minutes en mélangeant de temps en temps.

En fin de cuisson, si la sauce semble trop liquide, retirer le couvercle pour la faire réduire. Ajouter le piment d'Espelette quelques minutes avant la fin de la cuisson et bien mélanger avant de servir.

Spaghettis d'épeautre à la « bolognaise » de thon germon

Cette recette réconfortante et facile plaît généralement à toute la famille. Si votre budget le permet, mieux vaut toujours préférer le thon germon, certes plus onéreux que le thon albacore mais beaucoup moins pollué aux métaux lourds.

Préparation : 10 minutes
Cuisson : 25 minutes

Pour 4 personnes :

* 350 g de spaghettis d'épeautre complets
* 400 g de thon germon en boîte
* 2 oignons
* 1 boîte de 800 g de tomates pelées au jus
* Quelques olives dénoyautées
* Quelques câpres
* 2 pincées d'origan ou de sarriette
* 4 cuil à soupe d'huile d'olive
* Sel, poivre

Conseil

Vous rendrez cette recette plus saine encore en utilisant des tomates fraîches (par exemple 1 kg de tomates roma) à condition toutefois que ce soit la saison, car mieux vaut des tomates en boîte que des tomates de serre du mois de janvier !

Ébouillanter les tomates pendant 30 secondes pour les peler facilement. Émincer les oignons et les faire revenir doucement à l'huile d'olive dans une cocotte. Quand ils sont translucides et légèrement dorés, ajouter les tomates pelées coupées en petits morceaux, les câpres, les olives, les herbes, un peu de sel et de poivre. Mélanger.

Poser un couvercle et laisser mijoter à feu doux pendant 25 minutes pour faire épaissir la sauce, en mélangeant de temps en temps pour que le fond n'accroche pas.

Ajouter le thon en fin de cuisson et mélanger délicatement pour ne pas le réduire trop en miettes.

Pendant ce temps, faire cuire les pâtes *al dente*. Servir bien chaud en nappant les pâtes de la « bolognaise » de thon.

Pagre rôti aux tomates et échalotes

Voici une recette délicieuse qui permet de cuisiner sainement de très nombreux poissons. Veillez à n'acheter que du poisson ultra-frais car dès le lendemain du jour de pêche, sa saveur se modifie, pour devenir franchement décevante à J+3 (quand on sait que certains étals proposent régulièrement du poisson à J+5 ou J+6, on comprend que certaines personnes pensent ne pas aimer le poisson...).

Préparation : 5 minutes
Cuisson : 20 minutes

Pour 3 personnes :

- 2 pagres très frais de 350 à 400 g, écaillés et vidés
- 3 échalotes
- 3 tomates roma
- 1 citron bio
- 3 feuilles de laurier
- Origan séché
- Huile d'olive
- Sel, piment d'Espelette

Préchauffer le four à 200 °C (th. 6-7). Rincer les pagres et les disposer dans un plat.

Répartir tout autour les échalotes émincées, les tomates coupées en quartiers, un demi-citron tranché en fines rondelles, le laurier et un peu d'origan. Presser sur le poisson l'autre moitié du citron, arroser d'huile d'olive, saler légèrement et enfourner pour 20 minutes.

Servir avec du riz complet ou du petit épeautre en assaisonnant directement dans l'assiette d'une pincée de piment d'Espelette.

Douceurs et boissons

- ~ Crème glacée végétale à la pêche et à la framboise
- ~ Pain d'épice au petit épeautre
- ~ Flans végétaux aux parfums de Provence
- ~ Yaourts de soja intensément vanillés
- ~ Tartelettes 100 % fruits, 100% crues
- ~ Milk-shake végétal à la fraise
- ~ Sorbet aux fruits rouges
- ~ Moelleux provençal à la figue
- ~ Nage de fruits « grenadine »
- ~ Jus de tomate au céleri et pointe de sel aux herbes
- ~ Soda naturel framboise-pomelo
- ~ Kéfir au citron frais et touche de miel
- ~ Jus frais de carotte, pomelo, fenouil et citron
- ~ Lait d'amande cru maison
- ~ « Thé » rouge aux épices de Noël
- ~ Tisane crue à la sauge et au romarin

Crème glacée végétale à la pêche et à la framboise

Vite réalisée sans sorbetière, cette glace peu sucrée et pourtant si parfumée pourra se décliner en bien d'autres parfums, au gré des saisons. Pour qu'elle conserve sa souplesse, servez-la tout de suite après confection, sans la remettre au congélateur.

Préparation : 10 minutes
(Mettre les fruits au congélateur la veille)

Ingrédient pour 2 personnes :

* 2 pêches blanches mûres à point
* 150 g de framboises fraîches
* 20 cl de crème liquide d'amande ou de coco
* 2 c. à soupe de miel liquide ou de sirop d'agave

La veille, éplucher les pêches, les couper en petits morceaux, et les mettre au congélateur sur un plateau (pour éviter que les morceaux ne se collent entre eux) avec les framboises, en recouvrant le tout de film alimentaire.

Le lendemain, mettre les fruits congelés dans le bol d'un robot. Mixer au début par brèves impulsions, puis ajouter la crème, le miel et mixer à pleine puissance pendant quelques instants, jusqu'à obtention d'une texture bien lisse et crémeuse. Servir aussitôt.

Pain d'épice au petit épeautre

Sans œufs, sans mauvais sucres, sans beurre, ce pain d'épice d'un incomparable moelleux vous permettra une pause gourmande bien réconfortante, sans entorse à votre cure.

Préparation : 10 minutes
Cuisson : 45 minutes

Pour 6 pains d'épice individuels :

- 4 pots de farine complète de petit épeautre (prendre comme mesure le pot de yaourt de soja)
- 1 c. à café d'épices pour pain d'épice
- 2 c. à café de cannelle en poudre
- 1 pincée de sel
- 1 sachet de poudre à lever sans phosphates
- 1 yaourt de soja
- 100 g de compote de pommes
- ¾ de pot d'huile de pépins de raisin
- ¾ de pot de miel liquide d'acacia (idem)
- 15 gouttes d'huile essentielle d'orange douce

Préchauffer le four à 180 °C (th. 6). Mélanger la farine de petit épeautre, les épices, la cannelle, le sel et la poudre à lever.

Faire un puits, y verser les autres ingrédients et bien mélanger. Répartir dans 6 moules cartonnés individuels et faire cuire pendant 25 minutes, en ramenant la température à 150 °C (th. 5) en milieu de cuisson, pour que le dessus ne dore pas trop vite (vérifier la cuisson en piquant un pain d'épice avec une pique à brochette, qui doit ressortir parfaitement sèche).

Flans végétaux aux parfums de Provence

Du lait d'amande, du miel, de l'huile essentielle d'orange douce, cette délicieuse harmonie de saveurs évoque presque la saveur des calissons ! Très saine, cette recette n'est pas précisément « détox » (elle ne draine pas l'organisme comme le font une salade de pissenlits ou un smoothie de légumes crus par exemple), mais elle apporte une bonne dose de réconfort en cas de crise aiguë de gourmandise… sans commettre le moindre écart, puisque ces petits flans ne contiennent que des ingrédients « autorisés ».

Préparation : 3 minutes
Cuisson : 5 minutes
Réfrigération : au moins 2 heures

Pour 6 flans individuels :

- 20 cl de crème d'amande liquide
- 35 cl de lait d'amande
- 4 c. à soupe de miel liquide d'acacia
- 10 gouttes d'huile essentielle d'orange douce
- 1 sachet de 2 g d'agar-agar
- 1 petite pincée de sel

Mélanger à froid tous les ingrédients en fouettant bien, puis mettre sur le feu et porter à ébullition en fouettant sans cesse.

Compter 2 minutes de grosse ébullition, puis verser dans 6 petits ramequins et laisser tiédir avant de mettre au réfrigérateur pour au moins 2 heures.

Conseil

Pour être sûr de réussir cette recette, choisissez soigneusement votre lait d'amande car d'une marque à l'autre, les différences gustatives sont énormes. En effet, si certains laits sont délicieusement fluides et crémeux, d'autres présentent une consistance crayeuse et désagréable, qui gâcherait à coup sûr cette recette. Je vous propose mes marques préférées dans le carnet d'adresses figurant en fin d'ouvrage, mais le mieux est encore de confectionner votre lait d'amande maison (recette p. 108).

Yaourts de soja intensément vanillés

Parce qu'une bonne cure détox supprime pendant quelque temps tous les laitages d'origine animale, il est intéressant de consommer de temps à autre un yaourt de soja, ne serait-ce que par gourmandise. Réalisez-le à la yaourtière si vous en avez une, ou suivez cette recette artisanale... qui ne fonctionnera qu'à la saison froide, quand les radiateurs sont allumés !

Préparation : 5 minutes
Cuisson : 3 minutes
Prise au chaud : 8 h

Pour 8 yaourts :

* 1 gousse de vanille
* 1 l de lait de soja bio
* 2 c. à soupe de sirop d'agave
* 1 yaourt de soja bio
* 1 sachet de ferments probiotiques sans lait de vache (au rayon frais des magasins bio) : facultatif mais recommandé pour une meilleure prise

Conseil

Pour encore plus de gourmandise, mixer à parts égales (en mode pulse pour ne pas faire de bouillie) des figues sèches un peu moelleuses et des noix fraîchement mondées ou des amandes. Sur le yaourt, c'est une vraie petite folie... très raisonnable, toutefois !

Fendre la gousse de vanille en deux, racler les petites graines à l'aide d'une lame bien lisse, puis mettre le tout (gousses + graines) dans une casserole avec le lait de soja et le sirop d'agave. Porter à ébullition pendant 3 minutes en mélangeant sans cesse, puis éteindre le feu et laisser tiédir jusqu'à 45 °C.

Mélanger le yaourt de soja et les ferments au lait tiède en fouettant bien, retirer la gousse de vanille de la casserole, verser dans 8 pots individuels munis de couvercles.

Poser les pots sur un radiateur, les couvrir avec une petite couverture ou un linge épais pour bien garder la chaleur et laisser prendre sans y toucher durant toute une nuit.

Au matin, mettre au réfrigérateur et attendre que les yaourts soient bien frais avant de les savourer.

Tartelettes 100 % fruits, 100% crues

... et sans sucre ajouté ! À savourer en différentes variantes, toutes plus séduisantes les unes que les autres : poire/figue fraîche/raisin en automne, banane/clémentine/kiwi en hiver, cerise/fraises des bois au printemps... du moment que les fruits sont mûrs à point et de saison, le résultat ne peut être que succulent !

Préparation : 10 minutes

Pour 3 tartelettes :

* 80 g de figues sèches (retirer le pédoncule un peu coriace)
* 40 g d'amandes
* 1 nectarine
* 2 abricots
* 3 fraises
* 1 poignée de framboises

Dans le bol d'un robot, mixer en mode pulse les figues et les amandes jusqu'à obtention d'une texture grossièrement sablonneuse.

Répartir dans 3 cercles individuels d'environ 7,5 cm de diamètre (posés directement dans l'assiette), puis presser et tasser avec le poussoir pour former le fond des tartelettes.

Répartir joliment les tranches de fruits en rosace par dessus.

Écraser puis passer les framboises à travers un tamis, décorer les assiettes avec ce coulis et servir aussitôt.

Milk-shake végétal à la fraise

En trois coups de mixeur, concoctez-vous cette pause douceur de rêve : un milk-shake onctueux, épais et parfumé, à savourer à la paille... Régressif à souhait !

Préparation : 5 minutes

Pour 1 ou 2 personnes :
- 250 g de fraises bio
- 25 cl de lait d'amande (voir recette p. 108)
- 2 c. à soupe de sirop d'agave ou de miel (facultatif)

Laver et équeuter les fraises, puis les mixer bien soigneusement avec le lait (et éventuellement le sirop d'agave ou le miel) jusqu'à obtention d'une texture très lisse et onctueuse. Savourer aussitôt.

Variantes

En été, craquez pour la version glacée : congelez les fraises lavées et équeutées pendant 24 heures avant de les mixer au blender avec 30 cl de lait d'amande.
Vous pouvez aussi décliner cette recette avec de l'abricot bien mûr, des myrtilles ou de la poire.
Pour un effet coupe-faim, ajoutez 200 g de tofu soyeux (dans ce cas, n'oubliez pas de sucrer avec un peu de miel ou de sirop d'agave).

Sorbet aux fruits rouges

Idéal pour assouvir notre besoin de « sucré » en fin d'après-midi, ce sorbet très sage et bienfaisant vous offre une pause bien appétissante. Accompagnez-le éventuellement de quelques noix ou amandes à grignoter.

Préparation : 5 minutes

Pour 2 personnes :

- 150 g de framboises
- 150 g de baies noires au choix, en fonction de la saison (cassis, myrtilles ou mûres)
- 5 cl d'eau
- 3 c. à soupe de sirop d'agave (ou 4 de miel d'acacia)

La veille, mettre les fruits au congélateur sur un plateau pour éviter qu'ils ne collent entre eux.

Le lendemain, les mixer dans un robot, d'abord en mode pulse puis plus longuement en ajoutant l'eau et le miel, jusqu'à obtention d'une texture bien lisse.

Savourer aussitôt ou remettre au congélateur mais pas plus de 4 heures car au bout de ce temps, le sorbet perd de son onctuosité.

À savoir

Ne contenant que des baies (et une petite touche de miel ou de sirop d'agave), ce sorbet riche en tanins antioxydants, en fibres et en vitamines est un véritable « médicament » purifiant pour le foie. Plutôt sympathique, du reste, comme médicament !

Moelleux provençal à la figue

Préparation : 15 minutes
Cuisson : 40 minutes

Pour 8 parts :
* 90 g de farine de petit épeautre
* 125 g de poudre d'amandes
* ½ sachet de poudre à lever sans phosphates
* 4 œufs
* 4 c. à soupe d'huile d'olive
* 2 c. à soupe de véritable eau de fleur d'oranger
* 4 c. à soupe de miel liquide
* 1 c. à soupe d'extrait de vanille liquide
* 300 g de figues violettes fraîches

Pour le sirop de figue :
* 150 g de figues violettes fraîches
* 2 c. à soupe d'eau de fleur d'oranger
* 4 c. à soupe d'eau
* 3 c. à soupe de miel d'acacia
* 1 c. à café d'extrait de vanille ou 1 gousse de vanille fendue

Variantes

Vous pouvez décliner ce gâteau avec des poires en hiver et des fraises au printemps et en été (y compris pour la réalisation du sirop).

Très sain, ce succulent gâteau au petit épeautre, miel, amandes et huile d'olive vous permettra de fêter un anniversaire, de recevoir des amies pour le thé ou de gâter un peu votre famille sans faire d'écart à votre cure, car il ne contient ni mauvais sucres, ni laitages, ni céréales raffinées.

Mélanger la farine, la poudre d'amandes et la poudre à lever. Réserver. Dans deux saladiers, séparer les blancs des jaunes d'œufs. Monter les blancs en neige. Mélanger les jaunes d'œufs, l'huile d'olive, l'eau de fleur d'oranger, le miel et l'extrait de vanille liquide.

Verser dans le saladier contenant les blancs en neige, ajouter le mélange de farine et de poudre d'amandes, puis unifier le tout à la spatule, sans trop casser les blancs. Ajouter environ 150 g de figues coupées en quatre, puis verser dans un cercle à pâtisserie ou dans un moule à manqué de taille moyenne (18 cm de diamètre), chemisé de papier cuisson.

Décorer de quartiers de figues disposés en rosace. Enfourner pour 20 minutes à 180 °C (th. 6), puis ramener la température à 125 °C (th. 4) pour que le cœur du gâteau soit bien cuit sans que le dessus soit trop doré.

Pendant la cuisson, préparer le sirop : couper les figues en tout morceaux, les mettre dans une casserole avec les autres ingrédients du sirop et faire cuire à feu doux durant une dizaine de minutes en mélangeant de temps en temps. Filtrer en conservant le sirop d'un côté et la compotée de figues de l'autre.

Vérifier la cuisson du gâteau en le piquant à cœur (la pointe du couteau doit ressortir propre et sèche), puis verser le sirop chaud dessus pour l'imbiber. Servir le gâteau encore tiède avec sa compotée de figues.

Nage de fruits « grenadine »

Très sain et rafraîchissant, ce dessert raffiné enchante les papilles d'une exquise saveur de grenadine à l'ancienne. Il faut dire qu'il en contient tous les ingrédients... sauf le sucre !

Préparation : 10 minutes
Cuisson : 3 minutes
Repos au frais : 12 heures

Pour 4 personnes :

- 1 gousse de vanille
- 4 c. à soupe de miel d'acacia
- 5 cl d'eau
- 300 g de fraises
- 200 g de framboises
- 50 g de cassis ou de mûres (selon la saison)
- ½ citron bio

Fendre la gousse de vanille en deux. Racler les graines avec la lame d'un couteau lisse puis mettre le tout (gousses + graines) dans une petite casserole avec l'eau et le miel. Faire chauffer à feu doux, poser un couvercle et compter 3 minutes précises d'ébullition.

Laisser infuser le temps de rincer les fruits, de presser le citron, d'équeuter les fraises et de les couper en quatre.

Mettre le tout dans un bocal de verre, ajouter le sirop de vanille, secouer et laisser mariner pendant toute une nuit au réfrigérateur.

Le lendemain, retirer la gousse de vanille et servir bien frais, en décorant éventuellement d'un peu de menthe ou de verveine.

Jus de tomate au céleri et pointe de sel aux herbes

Un « cocktail » légèrement salé à siroter à l'heure de l'apéritif tout en grignotant des petites choses saines comme des noix de cajou, des amandes, des olives noires ou des tomates cerise... Ainsi, vous tiendrez compagnie à vos convives sans faire d'entorse à votre cure. Je parie même que beaucoup d'entre eux voudront goûter à votre jus d'un joli rose saumon !

Préparation : 10 minutes

Pour 2 personnes :

- 3 tomates bien mûres et juteuses
- 1 branche de céleri
- Le jus de 1 citron bio
- 1 tasse d'eau
- 1 cuil. à café de lécithine de soja bio
- 1 pincée de sel aux herbes

Couper les tomates et le céleri en petits morceaux puis mixer tous les ingrédients dans un blender.

Filtrer au travers d'une passoire tamis en plastique (ne pas utiliser de filtre à café perpétuel car vous auriez du mal à faire passer le jus), en mélangeant à la cuillère pour accélérer le processus.

Servir bien frais avec des glaçons.

À savoir

La lécithine de soja est facultative mais elle sert à émulsionner, sinon le jus aura tendance à se « séparer » un peu.

Soda naturel framboise-pomelo

Sans sucre ajouté mais très fruitée et rafraîchissante, cette boisson est parfaite pour la pause goûter des chauds après-midi d'été. Pour que le goût du soda soit parfait, utilisez une eau pétillante au goût neutre et léger, surtout pas trop salé ni « bicarbonaté ». Une fois réalisé, consommez-le tout de suite car il perd vite ses bulles.

Préparation : 5 minutes
(Mettre les ingrédients au frais quelques heures auparavant ou mieux, la veille)

Pour 1 personne :

* 1 pomelo rose bio, bien mûr et sucré
* 200 g de framboises
* Eau pétillante

Presser le pomelo. Mixer le jus obtenu avec les framboises, puis passer le tout au travers d'un tamis pour retirer les petites graines. Ajouter autant d'eau pétillante que de jus obtenu (attention, ça mousse !) et servir aussitôt.

Conseil

Comme la saison des pomelos de Corse (plus « locaux » que ceux de Floride ou d'Afrique du Sud, donc à privilégier) s'étale de mai à juillet, elle correspond plutôt bien avec celle des premières framboises. N'hésitez cependant pas à utiliser si besoin des framboises surgelées.

Kéfir au citron frais et touche de miel

Très riche en ferments probiotiques si favorables à une bonne santé intestinale, le kéfir de fruits (à ne pas confondre avec le kéfir de lait) permet d'obtenir une boisson naturellement pétillante, douce mais peu sucrée, très rafraîchissante. De par son effet purifiant et détoxifiant, le kéfir est réputé soigner beaucoup de troubles dont certaines maladies de peau, parfois difficiles à traiter.

Préparation : quelques minutes
À commencer la veille

Pour 1,5 l de boisson :

- 4 grosses c. en bois de grains de kéfir actifs (voir encadré)
- 1,5 l d'eau filtrée
- ½ citron bio
- 2 figues sèches
- 4 c. à soupe de miel liquide d'acacia ou 3 cuil. à soupe de sirop d'agave

La veille, mettre les grains de kéfir dans un grand bocal en verre.

Ajouter l'eau, le citron coupé en rondelles, les figues coupées en deux et le miel. Bien mélanger à la cuillère en bois (ou en plastique mais pas en métal) puis couvrir le pot avec une gaze ou un linge maintenu avec une ficelle.

Laisser fermenter pendant 24 heures à température ambiante, puis filtrer au travers d'un filtre perpétuel à café (en plastique) et mettre en bouteille. Cette boisson très rafraîchissante se conserve plusieurs jours au réfrigérateur.

Conseils

- Bien nourris et entretenus, les grains de kéfir se conservent indéfiniment et se multiplient même, au point de pouvoir être distribués à l'entourage. Pour cela, une fois la boisson filtrée, transférer les grains de kéfir dans un pot en verre, ajouter 2 c. à soupe de sucre de canne roux ou complet et un peu d'eau froide, mélanger, fermer le pot et le ranger au réfrigérateur. Ainsi nourri et en « hibernation », le kéfir se conserve 15 jours sans problème et reste très actif.
- Si les grains ne se multiplient pas et deviennent plus petits, c'est qu'ils manquent de « nourriture » : il faut alors ajouter un peu plus de sucre de canne dans le pot.
- Ne mettez jamais de métal en contact avec le kéfir.
- Si vous « débutez », allez-y doucement pour habituer votre corps et éviter les réactions éliminatoires : les deux ou trois premiers jours, ne prenez qu'un demi-verre, puis un verre par jour pendant les dix jours suivants, puis deux verres, en allant jusqu'à trois verres si tout se passe bien.

Jus frais de carotte, pomelo, fenouil et citron

Rafraîchissant et délicieux, ce jus d'une saveur parfaitement équilibrée (à la fois légèrement sucrée et acidulée) est une petite « bombe » en vitamines, avec une action détoxifiante très marquée grâce à l'association de ces 4 végétaux, si bienfaisants pour le foie.

Préparation : 5 minutes

Pour 2 grands verres :

- 1 pomelo bio de Corse
- 1 gros citron bio
- 1 carotte bio
- 1 fenouil bio

Variante

En hiver, vous pouvez remplacer le pomelo par 1 orange et le fenouil par un peu de céleri branche.

- Éplucher le pomelo et le citron. Les couper en gros quartiers.
- Brosser la carotte sous l'eau et la détailler en gros tronçons de 5 cm environ.
- Laver le fenouil et le recouper en morceaux de 3-4 cm.
- Passer tous les ingrédients à l'extracteur ou à la centrifugeuse, mélanger et servir aussitôt.

Lait d'amande cru maison

On ne sait pas toujours par quoi remplacer le lait de vache lors d'une cure détox, principalement au petit déjeuner ou dans les flans, desserts et entremets. Voici une délicieuse recette de lait d'amande cru, très sain et très agréable, mais aussi beaucoup moins onéreux que celui vendu dans le commerce.

Préparation : environ 10 min
Penser à mettre les amandes à tremper la veille

Pour 1 l de lait d'amande

* 100 g d'amandes
* 1 l d'eau de source
* 4 c. à soupe de miel liquide d'acacia ou 3 c. à soupe de sirop d'agave
* 1 pincée de sel

Conseils et variantes

• Veillez à vous procurer une passoire fine de type tamis ainsi qu'un filtre à café perpétuel (voir photo en bas à gauche), car ces deux ustensiles facilitent beaucoup la préparation de ce lait d'amande.
• Vous pouvez procéder de la même façon pour réaliser du lait de noisette.
• Bien entendu, vous pouvez adoucir ce lait d'amande avec un autre sucrant naturel comme du sucre de coco, du sucre de bouleau ou du sirop d'érable.

La veille, rincer soigneusement les amandes et les mettre à tremper dans de l'eau.

Le jour de la réalisation, jeter l'eau (elle contient des substances déminéralisantes), rincer les amandes et les mixer dans un blender avec l'eau de source, le miel et le sel. Mixer pendant au moins 1 minute pour extraire le maximum de substances nutritives et les émulsionner dans le lait. (Certains perfectionnistes enlèvent, avant de mixer, la peau brune des amandes qui se détache facilement après trempage. Le goût obtenu est encore plus fin, mais cela donne davantage de travail.)

Filtrer la « bouillie » ainsi obtenue une première fois dans la passoire fine pour retirer un maximum de peaux et de pulpe d'amande : ce premier filtrage grossier facilite grandement le second filtrage, plus fin.

Filtrer une nouvelle fois dans le filtre à café perpétuel en mélangeant éventuellement à la cuillère pour accélérer le processus, puis mettre en bouteille et conserver au frais (jusqu'à 1 semaine). Secouer la bouteille avant chaque utilisation.

« Thé » rouge aux épices de Noël

Pour oublier un peu le café, succombez lors de votre pause « boisson chaude » à la séduction de ce thé rouge délicieusement parfumé, qui embaumera votre maison de notes festives. Légèrement acidulé grâce à l'hibiscus qui lui donne en outre sa si jolie teinte rouge, il pourra être adouci d'une cuillère à café de miel par tasse.

Préparation : 15 minutes

Pour un pot d'environ 200 g de thé (soit plusieurs litres de boisson) :

- 6 bâtons de cannelle
- 7 étoiles de badiane
- 12 clous de girofle
- 2 gousses de vanille
- La peau de 1 orange bio séchée
- La peau de 1 citron bio séchée
- 75 g de « thé » rooibos
- 75 g de fleurs d'hibiscus séchées
- 1 c. à soupe de graines de coriandre
- 1 c. à soupe de grains d'anis vert

Variantes

- Si vous souhaitez consommer cette boisson sans ajouter de miel, divisez les quantités d'hibiscus par deux.
- Si vous préférez le côté stimulant et drainant du thé vert à la douceur gourmande du « thé » rooibos (qui ne contient en fait pas du tout de théine), vous pouvez remplacer l'un par l'autre, à quantités égales. Il faudra toutefois ne laisser infuser que 3 minutes à 70 °C au lieu de 5 minutes à 95 °C, afin de ne pas laisser se développer certaines notes d'amertume désagréables.

Peser et préparer tous les ingrédients.

À l'aide d'un mortier et d'un pilon, écraser 3 bâtons de cannelle en petits éclats (photo 1), puis les 3 autres bâtons (ne pas mettre directement les 6 dans le mortier, ça « sauterait » partout !).

Procéder de même avec les étoiles de badiane, puis avec les clous de girofle, ces derniers devant être écrasés encore plus finement que la cannelle et la badiane.

Fendre les gousses de vanille en deux, puis les couper en tout petits morceaux de 3 à 4 mm de long, à l'aide d'une paire de ciseaux.

Couper de même les peaux d'agrumes en carrés de 5 mm, pas plus !

Mélanger ensemble tous les ingrédients, les transvaser dans un bocal en verre hermétique.

Pour préparer le « thé », prélever 1 cuillère à soupe de mélange par tasse, puis faire infuser 5 minutes hors du feu, dans une casserole d'eau bouillante avec un couvercle. Filtrer au travers d'une petite passoire chemisée d'un filtre à thé (les morceaux très fins du rooibos passent à travers les passoires ou les boules à thé classiques).

Tisane crue à la sauge et au romarin

Voici la façon la plus parfaite qui soit d'extraire le meilleur des plantes médicinales. Votre tisane crue sera bien plus concentrée en actifs naturels qu'une simple infusion et le résultat détoxifiant est impressionnant.

Préparation : quelques minutes

Pour 1 l de tisane crue :

* 1 citron bio
* 5 jeunes brins de romarin bien tendres
* 5 feuilles de sauge
* 5 jeunes brins de thym bien tendres
* 1,5 l d'eau filtrée

Conseils

• Le romarin et la sauge sont un « must » en matière de drainage du foie, mais à partir de ce concept, vous pouvez réaliser des tisanes d'autres plantes sauvages ou bio : menthe, verveine-citronnelle, mélisse, marjolaine... choisissez celles qui vous enchantent le plus les papilles, et ne dépassez pas 5 jours de cure pour éviter les surdosages.

• Cette recette est donnée pour une personne : il faut boire la tisane dans la journée, ce qui est généralement très agréable car elle n'est ni trop amère, ni trop forte, juste légèrement acidulée et très parfumée. Les « becs sucrés » pourront y ajouter un peu de miel mais pour bien drainer l'organisme, c'est mieux sans.

Retirer l'écorce du citron puis le découper en gros cubes et placer ceux-ci dans un robot avec les herbes. Si le romarin ou le thym présentent des tiges dures et ligneuses (en fin d'été par exemple), les retirer pour ne pas risquer d'endommager le robot.

Ajouter la moitié de l'eau, puis mixer d'abord par brèves impulsions, puis une ou deux minutes en vitesse maximum pour extraire un maximum de sucs. Ajouter alors le reste de l'eau, mélanger, filtrer au travers d'un tamis fin si possible non métallique (un filtre perpétuel à café par exemple), puis conserver au frais et consommer dans la journée.

Annexes

- ~ Pour en savoir plus
- ~ Bonnes adresses, bons plans
- ~ Recettes classées par type de cure

Pour en savoir plus

Dr Guy Avril

Voici quelques informations complémentaires sur les émonctoires, ainsi que des conseils complémentaires pour une bonne détoxication.

* Le foie

Le foie (et la vésicule biliaire) doit être rattaché à l'intestin pour son rôle émonctoriel ; ainsi, le complexe hépato-bilio-duodéno-intestinal représente *l'émonctoire à colles fondamental*. Il est comparable, sur le plan élimination, au couple rein-vessie, qui représente *l'émonctoire à cristaux fondamental*.

En cas d'insuffisance de l'un ou de l'autre de ces émonctoires (ou des deux à la fois), la *peau*, grâce à ses *glandes sébacées* (filtre à colles : le sébum) et à ses *glandes sudoripares* (filtre à cristaux : la sueur) peut prendre le relais par la manifestation d'acné, d'abcès, d'eczéma...

À défaut, les *voies respiratoires supérieures* se chargent des colles (expectorations) et les articulations, des cristaux (rhumatismes, goutte...).

La *bile* est un résidu colloïdal très toxique, à base de matières grasses et de pigments provenant de la décomposition des cellules, ainsi que des sels minéraux et des résidus uréiques. La rétention de bile par un obstacle provoque l'ictère ou jaunisse.

Nous devons évacuer 1 litre de bile par 24 heures, d'où l'intérêt de consommer des plantes cholagogues (qui aident à produire la bile) et cholérétiques (qui aident à l'évacuer). Citons par exemple le radis noir, l'artichaut, les légumes aqueux, toutes les feuilles et tiges tendres et les raisins sucrés, les salades vertes variées, carottes, betteraves, endives, mâche, mais aussi tous les fruits juteux, gras (avocat) et secs.

Les drogues ennemies n° 1 du foie sont en particulier toute la chimie médicamenteuse, d'où la nécessité d'épurer le foie par une alimentation appropriée, après un traitement.

* Le gros intestin ou côlon

Il collecte les déchets et résidus de la digestion, absorbe l'eau qui les dilue, les rend plus épais et les achemine vers le rectum. Au niveau du côlon, la bile sécrétée par le foie lubrifie l'intestin, neutralise les acidités, combat les germes et aide à la digestion des graisses et à la progression des déchets.

Le trouble réactionnel au niveau de l'émonctoire intestinal est très répandu : il s'agit de la constipation. Celle-ci conduit à l'auto-intoxication, elle-même source de nombreuses maladies. Plusieurs facteurs sont déterminants pour que la constipation s'installe : l'alimentation, l'état de stress, la sédentarité et la déshydratation.

- *L'alimentation*. Rappelons que l'homme est un animal frugivore : son régime peut s'évaluer sensiblement à 90 % de végétaux (fruits et légumes aqueux) pour 10 % de produits animaux. Les végétaux nous apportent les fibres qui, non seulement nous servent de prébiotiques (la nourriture des probiotiques, bactéries utiles à la vie), mais qui contribuent à constituer et à augmenter le bol fécal qui, par effet mécanique, va mieux progresser jusqu'à l'anus.

- *L'état de stress* dans lequel nous vivons (soucis, émotions, peurs, difficultés, insécurité...) contribue à une perte d'énergie vitale, qui peut aller jusqu'à la dépression. Cette déficience de l'influx nerveux à destination des viscères, et en particulier du côlon, contribue à créer des états de constipation.

- *La sédentarité*, qui conduit à la carence musculaire de la paroi abdominale et des muscles lisses de nos organes, va aussi amener à la constipation.

- *La déshydratation* est un facteur important de constipation. Pour lutter contre celle-ci, il est donc essentiel de boire 1,5 litre d'eau par jour, de préférence entre les repas. Il convient aussi d'être le plus possible végétarien.

Parmi les plantes laxatives, on peut citer la bourdaine (écorce), l'églantine (fleurs), le genévrier (baies), le liseron (feuilles), la mauve (feuilles, fleurs, racines), le pêcher (fruits). N'oubliez pas les graines de lin ou les graines de psyllium à consommer au cours des repas.

✻ Les reins

Ils jouent, tout comme le foie, un rôle de filtre émonctoriel de première importance. Ils doivent être soumis périodiquement à des périodes de lessivage et de mise au repos. Le *lessivage* veut dire drainage sanguin. Pour le réaliser, il faut, pendant quelques jours, passer à un régime à base de légumes aqueux non farineux crus ou cuits et de fruits juteux. Cette diète végétarienne lave le sang et le foie de leurs résidus aminés en excès (les déchets des protides). Ceci doit être suivi d'un bon *drainage* par cure d'eau la moins minéralisée possible pendant 2 à 3 jours.

Voici quelques plantes diurétiques : chiendent (rhizome), queues de cerises, stigmates de maïs (partie supérieure du pistil), pariétaire, prêle (tiges), bugrane (racines), bruyère (sommités fleuries), bouleau (feuilles), cassis (feuilles), pissenlit...

✻ Les poumons

Leur rôle est double : d'une part, les poumons servent à approvisionner en oxygène le sang et l'organisme, qui en a un besoin constant. La respiration est une véritable nutrition gazeuse. L'air est notre premier aliment.

D'autre part, les poumons, en tant qu'émonctoires, servent de relais pour l'élimination bilio-intestinale.

Pour détoxifier les poumons, on utilisera par exemple les feuilles d'eucalyptus (qui aident à expectorer), ou la partie aérienne fleurie de la piloselle (qui réduit la production de mucus).

✻ La peau

Il faut comprendre les fonctions de la peau en examinant sa structure (épiderme et derme).

- *L'épiderme* comprend une couche superficielle et une couche sous-jacente appelée couche basale : cette dernière est capable d'agir selon les besoins d'excrétion, de digestion et de mutation variées. La couche basale réabsorbe une masse importante de déchets et résidus qui lui parviennent des plasmas circulants, qu'elle digère par la suite. Elle fabrique la vitamine D avec le cholestérol résiduel, participe à la synthèse d'hormones et de cellules lymphatiques neuves.

- *Le derme et ses filtres* (glandes sudoripares et sébacées). Le derme est situé sous l'épiderme. Il est richement vascularisé et présente deux catégories de glandes.

– Les *glandes sudoripares* retiennent les résidus solubles du sang (acide urique et autres cristaux). Elles rejettent la sueur.

– *Les glances sébacées* fixent les résidus insolubles saturant le sang sous forme de colloïdes. Elles rejettent du sébum.

Les draineurs de la peau sont la pensée sauvage (partie aérienne fleurie), qui aide à faire disparaître les boutons et à lutter contre la peau grasse ; la bardane (racines), qui combat les impuretés de la peau et élimine les toxines cutanées, l'astragale, qui contrôle la transpiration, la mauve (fleurs et feuilles), qui protège les zones sensibles de l'épiderme.

Vous l'aurez compris, prendre soin de vos émonctoires grâce à un mode de vie le plus sain possible – alimentation de qualité, adaptée à notre condition d'espèce essentiellement fructivore, exercice physique régulier, bonne gestion du stress – est le meilleur service que vous puissiez rendre à votre organisme, qui vous remerciera par une meilleure vitalité et joie de vivre.

Bonnes adresses, bons plans

Parce qu'il y a parfois de grandes différences de saveur et de texture d'un produit bio à un autre, voici quelques marques qui vous donneront toute satisfaction pour la réussite des recettes de ce livre.

Crème d'amande liquide
Bjorg (en grande distribution)

Crème de soja liquide
Soy (en boutique bio)
Bjorg (en grande distribution)

Farines bio et céréales bio non raffinées, épeautre
Celnat (en boutique bio)
Moulin des Moines (en boutique bio)
Biocoop

Huile de coco vierge
Rapunzel, pour son bon rapport qualité-prix (en boutique bio).

Huiles vierges
Émile Noël (en boutique bio)

Laits d'avoine, d'épeautre, de riz
Pour remplacer le lait de vache pendant la cure.
The Bridge (bon rapport qualité-prix) (en boutique bio)
Lima
Isola bio

Lait d'amande
Bjorg (en grande distribution)
Ecomil (en boutique bio)

Lait de soja
Produit assez « calibré », toutes les marques se valent à peu près. Le choisir bio, pour éviter le soja génétiquement modifié, et ne pas en abuser.

Lait de soja vanille
Les laits de soja-vanille sont souvent très bons, y compris dans les marques bio de grande distribution (Carrefour Bio, Bio Village, etc.). Mais aussi :
Bjorg (en grande distribution)
Soy (en boutique bio)

Purées d'amandes, de noisettes
Jean Hervé (en boutique bio)
Damiano (en boutique bio)

Riz
Le basmati complet ou le thaï complet « cuisson rapide » de la compagnie Autour du riz (vraiment sensationnel)

Torsades aux lentilles corail
Marque Lazaretti, en vente chez Biocoop, Naturalia, Satoriz

Sirop d'agave
Jean Hervé (en boutique bio)
Damiano (en boutique bio)

Cuissons saines
Baumstal (inox de qualité exceptionnelle)
Émile Henry (terre à feu)
Le Creuset (fonte)
Warmcook (faitouts cuisson basse température)

Extracteur de jus
Warmcook

Site sur les jus crus
http://crudijus.fr/shop/

Mon ouvrage de référence sur la cure détox
Sandra Cabot, *Régénérez votre foie* (Éditions Jouvence)

Recettes classées par type de cure

Pour la cure d'1 journée

Pour la cure de quelques jours

Toutes les recettes précédentes plus :

Pour les 2 premières et 2 dernières semaines de la cure de 8 semaines

Toutes les recettes précédentes plus, uniquement pour les 2 premières et les 2 dernières semaines de cure :

* NB. Si l'on supprime les œufs de cette recette, elle peut être consommée durant les 3 cures.

Déjà parus aux éditions Terre vivante

- **La cuisine de la minceur durable**
  Avec 90 recettes savoureuses et bonnes pour la santé
  Brigitte Merchier-Fichaux et Marie Chioca

- **L'épeautre, source de vitalité**
  Cures détoxifiantes et recettes gourmandes
  Dr Guy Avril, Olivier Degorce et Amandine Geers

- **Le petit guide de la cure de raisin**
  Ouvrage collectif

- **Le jeûne**
  Maigrir, éliminer, se désintoxiquer
  Dr Helmut Lützner

- **En forme grâce aux huiles végétales**
  Olive, colza, bourrache, lin, périlla…
  Cécile Baudet

- **La cuisine des grands classiques**
  Ma version bio
  Marie Chioca

- **Mes bons desserts aux sucres naturels**
  Miel d'acacia, sirop d'agave, sirop d'érable, stevia
  Marie Chioca et Delphine Paslin

- **Je ferais bien une soupe !**
  Recettes gourmandes des 4 saisons
  Marie Chioca

- **Je mange « paléo » (ou presque)**
  55 recettes sans gluten, lactose, ni sucre
  Amandine Geers et Olivier Degorce

> Découvrez les autres titres publiés par Terre vivante sur l'habitat sain, le jardinage biologique, le bien-être et l'alimentation, l'écologie pratique au quotidien sur **www.terrevivante.org**

Terre vivante
Domaine de Raud
38710 Mens
04 76 34 80 80

www.terrevivante.org

Achevé d'imprimer en France en juillet 2019
par Chirat (Saint-Just-la-Pendue)
N° 201907.0008 - Dépôt légal : janvier 2015

PEFC 10-31-1895